Dieser Band soll ein umfassendes Weihnachtsbuch der Lieder sein, mit Noten zum Singen und zum Spielen, mit vollständigen Texten und Illustrationen zum Beschauen, etwa hundert Weihnachtslieder, die meisten alten und bekannten, einige neue, einige unbekannte, die meisten in deutscher Sprache, einige aus fremden Ländern; Adventslieder, Nikolauslieder, Winterlieder, Weihnachtslieder, Hirtenlieder, Hirtenspiele, Wiegenlieder, Neujahrslieder, Sternsingelieder und Dreikönigslieder. Ihre reichhaltige Tradition zeigt, auf wie vielfältige Weise sich die Menschen durch die Jahrhunderte dem weihnachtlichen Ereignis genähert haben; daß innige Ergriffenheit in ihnen ebenso Platz hat wie derbe Situationskomik, subtile Allegorie ebenso wie spießbürgerliche Moral, tiefsinnige theologische Spekulation wie oberflächliches Behagen. Die Lieder sind in Themengruppen zusammengefaßt, die sich enger oder weiter um das zentrale Weihnachtsmotiv angesiedelt haben: das Kind, der Tag, die Geburt, die Eltern, der Stall, die Engel, die Hirten, die Könige.

insel taschenbuch 157
Das Weihnachtsbuch
der Lieder

DAS WEIHNACHTS BUCH DER LIEDER

Mit alten und neuen Liedern
zum Singen und Spielen
Ausgewählt von Gottfried Natalis
Mit einem Nachwort von Ernst Klusen

Insel Verlag

Von der zehnten Auflage (1985) an erscheint »Das Weihnachtsbuch der Lieder« mit einem neuen Umschlagmotiv:
»Anbetung der Hirten«. Gemälde von Hugo van der Goes
(um 1480), Detail. Mit freundlicher Genehmigung der Ge-
mäldegalerie Staatliche Museen Preußischer Kulturbesitz,
Berlin (West), Foto: Jörg P. Anders.

insel taschenbuch 157
Erste Auflage 1975
© dieser Ausgabe beim Insel Verlag, Frankfurt am Main
1975. Alle Rechte vorbehalten. Quellenhinweise am Schluß
des Bandes. Vertrieb durch den Suhrkamp Taschenbuch Verlag. Umschlag nach Entwürfen von Willy Fleckhaus. Satz:
LibroSatz, Kriftel. Druck: Ebner Ulm. Printed in Germany.

13 14 15 16 17 18 – 97 96 95 94 93 92

INHALT

Sei uns willkommen
Die Weihnacht

Das neue Jahr

Wie schön leucht' uns der Morgenstern
Die drei Könige

Hört uns're Botschaft

Weihnachten in aller Welt

MACHT HOCH DIE TÜR

Der Advent

MACHT HOCH
DIE TÜR

1. Macht hoch die Tür, die Tor macht weit,
es kommt der Herr der Herrlichkeit,
ein König aller Königreich,
ein Heiland aller Welt zugleich,
der Heil und Leben mit sich bringt;
derhalben jauchzt, mit Freuden singt:
Gelobet sei mein Gott,
mein Schöpfer reich von Rat.

2. Er ist gerecht, ein Helfer wert;
Sanftmütigkeit ist sein Gefährt,
sein Königskron ist Heiligkeit,
sein Zepter ist Barmherzigkeit;
all unser Not zum End er bringt,
derhalben jauchzt, mit Freuden singt:
Gelobet sei mein Gott,
mein Heiland groß von Tat.

3. O wohl dem Land, o wohl der Stadt,
so diesen König bei sich hat.
Wohl allen Herzen insgemein,
da dieser König ziehet ein.
Er ist die rechte Freudensonn,
bringt mit sich lauter Freud und Wonn.
Gelobet sei mein Gott,
mein Tröster früh und spat.

4. Macht hoch die Tür, die Tor macht weit,
euer Herz zum Tempel zubereit'.
Die Zweiglein der Gottseligkeit
steckt auf mit Andacht, Lust und Freud,
so kommt der König auch zu euch,
ja Heil und Leben mit zugleich.
Gelobet sei mein Gott
voll Rat, voll Tat, voll Gnad.

5. »Komm, o mein Heiland Jesu Christ,
meins Herzens Tür Dir offen ist;
ach zeuch mit Deiner Gnaden ein,
Dein Freundlichkeit auch uns erschein.
Dein Heilger Geist uns führ und leit
den Weg zur ewgen Seligkeit.
Dem Namen Dein, o Herr,
sei ewig Preis und Ehr.«

Melodie: Gesangbuch J. A. Freylinghausen 1704;
Text: Georg Weißel

ES KOMMT
EIN SCHIFF
GELADEN

Es kommt ein Schiff, ge - la - - den bis
an sein' höch - sten Bord, trägt Got - tes Sohn voll
Gna - den, des Va - ters e - wigs Wort.

1. Es kommt ein Schiff, geladen
bis an sein' höchsten Bord,
trägt Gottes Sohn voll Gnaden,
des Vaters ewigs Wort.

2. Das Schiff geht still im Triebe,
es trägt ein teure Last;
das Segel ist die Liebe,
der Heilig Geist der Mast.

3. Der Anker haft' auf Erden,
da ist das Schiff am Land.
Das Wort will Fleisch uns werden,
der Sohn ist uns gesandt.

4. Zu Bethlehem geboren
im Stall ein Kindelein,
gibt sich für uns verloren:
Gelobet muß es sein.

5. Und wer dies Kind mit Freuden
umfangen, küssen will,
muß vorher mit ihm leiden
groß Pein und Marter viel,

6. danach mit ihm auch sterben
und geistlich auferstehn,
das ewig Leben erben,
wie an ihm ist geschehn.

7. Maria, Gottes Mutter,
gelobet mußt du sein.
Jesus ist unser Bruder,
das liebe Kindelein.

Text: Elsaß 15. Jh.,
bearbeitet von Daniel Sudermann um 1626;
Melodie: Andernacher Gesangbuch, Köln 1608

WACHET AUF, RUFT UNS DIE STIMME

„Wa - chet auf", ruft uns die Stim - me
Mit - ter - nacht heißt die - se Stun - de;

der Wäch - ter sehr hoch auf der Zin - ne,
sie ru - fen uns mit hel - lem Mun - de:

„wach auf, du Stadt Je - ru - sa - lem."
„Wo seid ihr klu - gen Jung - frau - en?

Wohl-auf, der Bräut-gam kommt; steht auf, die

Lam-pen nehmt. Hal - le - lu - ja. Macht euch be - reit

zu der Hoch-zeit, ihr müs-set ihm ent-ge-gen-gehn."

1. »Wachet auf«, ruft uns die Stimme
der Wächter sehr hoch auf der Zinne,
»wach auf, du Stadt Jerusalem.«
Mitternacht heißt diese Stunde;
sie rufen uns mit hellem Munde:
»Wo seid ihr klugen Jungfrauen?

Wohlauf, der Bräutigam kommt;
steht auf, die Lampen nehmt.
Halleluja.
Macht euch bereit zu der Hochzeit,
ihr müsset ihm entgegengehn.«

2. Zion hört die Wächter singen;
das Herz tut ihr vor Freude springen,
sie wachet und steht eilend auf.
Ihr Freund kommt vom Himmel prächtig,
von Gnaden stark, von Wahrheit mächtig;
ihr Licht wird hell, ihr Stern geht auf.
»Nun komm, du werte Kron,
Herr Jesu, Gottes Sohn.
Hosianna.
Wir folgen all zum Freudensaal
und halten mit das Abendmahl.«

3. Gloria sei dir gesungen
mit Menschen- und mit Engelzungen,
mit Harfen und mit Zimbeln schön.
Von zwölf Perlen sind die Tore
an deiner Stadt; wir stehn im Chore
der Engel hoch um deinen Thron.
Kein Aug hat je gespürt,
kein Ohr hat mehr gehört
solche Freude.
Des jauchzen wir und singen dir
das Halleluja für und für.

Melodie: vor 1598; Text: Philipp Nicolai 1599

WIE SCHÖN LEUCHT' UNS DER MORGENSTERN

1. Wie schön leucht' uns der Morgenstern
voll Gnad und Wahrheit vor dem Herrn,
uns prächtig aufgegangen!
Du Jesses Blüte, Davids Sohn,
mein Heiland auf dem Himmelsthron,
du hast mein Herz umfangen.
Lieblich, freundlich, schön und prächtig,
hoch und mächtig, reich an Gaben,
hoch und wunderbar erhaben.

2. Du helle Perle, werte Kron,
du Gottes und Mariä Sohn,
mein König, hochgeboren!
Du Rosenblüte, Lilienreis,
du Himmelsblume, rot und weiß,
dich hab ich auserkoren!
Nach dir steht mir mein Gemüte, ew'ge Güte,
all mein Sehnen ruft nach dir mit Freudentränen.

3. Von dir kommt mir ein Freudenlicht,
wenn du mit deinem Angesicht
mich freundlichst tust anblicken.
O Jesu, du mein höchstes Gut,
dein Wort, dein Geist, dein Fleisch und Blut,

mich innerlich erquicken.
Nimm mich freundlich in die Arme,
Herr, erbarme dich in Gnaden!
Auf dein Wort komm ich geladen.

4. Nun greifet in die Saiten frei
und laßt die süße Melodei
ganz freudenreich erschallen,
daß ich mit meinem Herrn und Christ,
der meiner Seele Leben ist,
in steter Lieb mög wallen!
Singet, klinget, jubilieret, triumphieret,
dankt dem Herren, dankt dem König aller Ehren!

5. Wie bin ich doch so herzlich froh,
daß mein Herr ist das A und O,
der Anfang und das Ende!
Er wird mich einst zu seinem Preis
aufnehmen in das Paradeis,
mir reichen seine Hände.
Amen, Amen, komm, du schöne Freudenkrone,
bleib nicht lange, deiner wart ich mit Verlangen!

Melodie: Nach Philipp Nicolai (1556–1608),
Frankfurt a. M. 1599; Text in jüngerer Fassung

MARIA DURCH EIN' DORNWALD GING

1. Maria durch ein' Dornwald ging, Kyrie eleison,
Maria durch ein' Dornwald ging,
der hat in sieben Jahrn kein Laub getragen,
Jesus und Maria.

2. Was trug Maria unter ihrem Herzen? Kyrie eleison.
Ein kleines Kindlein ohne Schmerzen,
das trug Maria unter ihrem Herzen.
Jesus und Maria.

3. Da haben die Dornen Rosen getragen, Kyrie eleison,
als das Kindlein durch den Wald getragen,
da haben die Dornen Rosen getragen.
Jesus und Maria.

Melodie: Vom Eichsfeld;
Text: Nach Harthausen, Geistliche Volkslieder, 1850

ES FLOG
EIN TÄUBLEIN
WEISSE

1. Es flog ein Täublein weiße vom Himmel herab
im engelischen Kleide zu einer Jungfrau zart:
»Gegrüßet seist du, wunderschöne Maid,
dein Seel ist hochgezieret, gesegnet ist dein Leib.«
Kyrieleison.

2. »Gegrüßet seist, ein Königin, der Herr ist mit dir,
du wirst ein Kindlein gbären, das sollst du glauben mir.«
Sie antwort' ihm, dem himmlischen Bot:
»Ich hab mein Keusch versprochen dem allmächtigen Gott.«
Kyrieleison.

3. »Hast du dein Keusch versprochen dem allmächtigen
                                              Gott,
so wird er zu dir kommen wohl durch sein göttlich Wort.
Er kommt zu dir so gar ohn arge List,
ein Jungfrau wirst du bleiben immer und ewiglich.«
Kyrieleison.

4. »Gscheh mir nach deinem Worte und nach dem
                                              Willen Gotts,
so geb ich meinen Willen, weil ich gebären soll.«
Sie schloß wohl auf ihres Herzens Fensterlein,
wohl zu derselben Stunde der Heilig Geist ging ein.
Kyrieleison.

Melodie und Text: Gesangbuch von N. Beutner, 1602

O HEILAND, REISS DIE HIMMEL AUF

„O Hei-land, reiß die Him-mel auf, her - ab, her - ab vom Him-mel lauf, reiß ab vom Him - mel Tor und Tür, reiß ab, wo Schloß und Rie - gel für."

1. »O Heiland, reiß die Himmel auf,
herab, herab vom Himmel lauf,
reiß ab vom Himmel Tor und Tür,
reiß ab, wo Schloß und Riegel für.«

2. »O Gott, ein' Tau vom Himmel gieß;
im Tau herab, o Heiland, fließ.«
Ihr Wolken, brecht und regnet aus
den König über Jakobs Haus.

3. O Erd, schlag aus, schlag aus, o Erd,
daß Berg und Tal grün alles werd.
O Erd, herfür dies Blümlein bring,
o Heiland, aus der Erden spring.

4. »Wo bleibst Du, Trost der ganzen Welt,
darauf sie all ihr Hoffnung stellt?
O komm, ach komm vom höchsten Saal,
komm tröst uns hie im Jammertal.

5. »O klare Sonn, Du schöner Stern,
Dich wollten wir anschauen gern.
O Sonn, geh auf, ohn Deinen Schein
in Finsternis wir alle sein.

6. »Hie leiden wir die größte Not,
vor Augen steht der ewig Tod;
ach komm, führ uns mit starker Hand
vom Elend zu dem Vaterland.

7. »Da wollen wir all danken Dir,
unserm Erlöser, für und für.
Da wollen wir all loben Dich
je allzeit immer und ewiglich.«

Melodie: Rheinfelsisches Gesangbuch 1666;
Text: Friedrich von Spee

AVE MARIA, GRATIA PLENA

„A - ve Ma - ri - a, gra - ti - a ple - na."

So grüß - te der En - gel die Jung-frau Ma -

ri - a, da er von dem Herrn die Bot-schaft bracht.

1. »Ave Maria, gratia plena.«
So grüßte der Engel die Jungfrau Maria,
da er von dem Herrn die Botschaft bracht.
Jungfrau, du wirst ein Kindlein empfangen
darnach sollen Himmel und Erde verlangen
du sollst deines Herrn Mutter sein.

Melodie: Paderborn 1617. In zahlreichen Gesangbüchern des 17. Jahrhunderts; Text: 16. Jahrhundert (Neufassung).

VOM HIMMEL HOCH, DA KOMM ICH HER

(Der Engel singt:) Vom Him-mel hoch, da komm ich her, ich bring euch gu-te neu-e Mär. Der gu-ten Mär bring ich so viel, da-von ich sin-gen und sa-gen will.

Der Engel singt:

1. Vom Himmel hoch, da komm ich her,
ich bring euch gute neue Mär.
Der guten Mär bring ich so viel,
davon ich singen und sagen will.

2. Euch ist ein Kindlein heut geborn
von einer Jungfrau auserkorn,
ein Kindelein so zart und fein,
das soll euer Freud und Wonne sein.

3. Es ist der Herr Christ, unser Gott,
der will euch führn aus aller Not;
er will euer Heiland selber sein,
von allen Sünden machen rein.

4. Er bringt euch alle Seligkeit,
die Gott der Vater hat bereit',
daß ihr mit uns im Himmelreich
sollt leben nun und ewiglich.

26

5. So merket nun das Zeichen recht:
die Krippen, Windelein so schlecht,
da findet ihr das Kind gelegt,
das alle Welt erhält und trägt.

Alle Kinder:
6. Des laßt uns alle fröhlich sein
und mit den Hirten gehn hinein,
zu sehn, was Gott uns hat beschert,
mit seinem lieben Sohn verehrt.

Das 1. Kind:
7. »Merk auf, mein Herz, und sieh dorthin:
Was liegt doch in dem Krippelein?
Wes ist das schöne Kindelein?
Es ist das liebe Jesulein.«

Das 2. Kind:
8. »Sei mir willkommen, edler Gast!
Den Sünder nicht verschmähet hast
und kommst ins Elend her zu mir;
wie soll ich immer danken Dir?«

Das 3. Kind:
9. »Ach Herr, Du Schöpfer aller Ding,
wie bist Du worden so gering,
daß Du da liegst auf dürrem Gras,
davon ein Rind und Esel aß.«

Das 4. Kind:
10. »Und wär die Welt vielmal so weit,
von Edelstein und Gold bereit',
so wär sie doch Dir viel zu klein,
zu sein ein enges Wiegelein.«

Das 5. Kind:

11. »Der Sammet und die Seiden Dein,
das ist grob Heu und Windelein,
darauf Du König groß und reich
herprangst, als wärs Dein Himmelreich.«

Das 6. Kind:

12. »Das hat also gefallen Dir,
die Wahrheit anzuzeigen mir,
wie aller Welt Macht, Ehr und Gut
vor Dir nichts gilt, nichts hilft noch tut.«

Das 1. Kind:

13. »Ach mein herzliebes Jesulein,
mach Dir ein rein sanft Bettelein,
zu ruhen in meins Herzens Schrein,
daß ich nimmer vergesse Dein,

14. »davon ich allzeit fröhlich sei,
zu springen, singen immer frei
das rechte Susaninne schon,
mit Herzenslust den süßen Ton.«

Alle:

15. Lob, Ehr sei Gott im höchsten Thron,
der uns schenkt seinen einigen Sohn;
des freuen sich der Engel Schar
und singen uns solch neues Jahr.

Melodie: Gesangbuch V. Schumann 1539;
Text: Martin Luther

DIE NACHT
IST
VORGEDRUNGEN

Die Nacht ist vor - ge - drun - gen, der Tag ist
So sei nun Lob ge - sun - gen dem hel - len

nicht mehr fern. Auch wer zur Nacht ge - wei -
Mor - gen - stern!

net, der stim - me froh mit ein. Der Mor - gen -

stern be - schei - net auch dei - ne Angst und Pein.

1. Die Nacht ist vorgedrungen,
der Tag ist nicht mehr fern.
So sei nun Lob gesungen dem hellen Morgenstern!
Auch wer zur Nacht geweinet,
der stimme froh mit ein.
Der Morgenstern bescheinet
auch deine Angst und Pein.

2. Dem alle Engel dienen,
wird nun ein Kind und Knecht.
Gott selber ist erschienen
zur Sühne für sein Recht.
Wer schuldig ist auf Erden,
verhüll nicht mehr sein Haupt.

Er soll errettet werden,
wenn er dem Kinde glaubt.

3. Die Nacht ist schon im Schwinden,
macht euch zum Stalle auf!
Ihr sollt das Heil dort finden,
das aller Zeiten Lauf
von Anfang an verkündet,
seit eure Schuld geschah.
Nun hat sich euch verbündet,
den Gott selbst ausersah!

4. Noch manche Nacht wird fallen
auf Menschenleid und -schuld.
Doch wandert nun mit allen
der Stern der Gotteshuld.
Beglänzt von seinem Lichte,
hält euch kein Dunkel mehr.
Von Gottes Angesichte
kam euch die Rettung her.

5. Gott will im Dunkel wohnen
und hat es doch erhellt!
Als wollte er belohnen,
so richtet er die Welt!
Der sich den Erdkreis baute,
der läßt den Sünder nicht.
Wer hier dem Sohn vertraute,
kommt dort aus dem Gericht.

Melodie: Johannes Petzold 1939;
Text: Jochen Klepper 1938

ALLE JAHRE WIEDER

Die Weihnachtszeit

ALLE JAHRE WIEDER

Al - le Jah - re wie - der kommt das Chri-stus kind

auf die Er - de nie - der, wo wir Menschen sind.

1. Alle Jahre wieder kommt das Christuskind
auf die Erde nieder, wo wir Menschen sind.

2. Kehrt mit seinem Segen ein in jedes Haus,
geht auf allen Wegen mit uns ein und aus.

3. Steht auch mir zur Seite still und unerkannt,
daß es treu mich leite an der lieben Hand.

Text: Friedrich Silcher

O DU
FRÖHLICHE

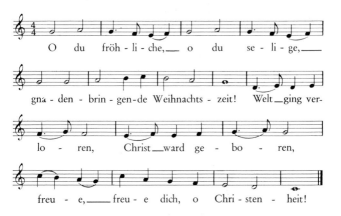

O du fröh-li-che, — o du se-li-ge, — gna-den-brin-gen-de Weihnachts-zeit! Welt—ging ver-lo-ren, Christ—ward ge-bo-ren, freu-e, — freu-e dich, o Chri-sten-heit!

1. O du fröhliche, o du selige,
gnadenbringende Weihnachtszeit!
Welt ging verloren, Christ ward geboren,
freue, freue dich, o Christenheit!

2. O du fröhliche, o du selige,
gnadenbringende Weihnachtszeit!
Christ ist erschienen, uns zu versühnen;
freue, freue dich, o Christenheit.

3. O du fröhliche, o du selige,
gnadenbringende Weihnachtszeit!
Himmlische Heere jauchzen dir Ehre.
Freue, freue dich, o Christenheit!

Text und Melodie: Johannes Daniel Falk

LASST UNS FROH UND MUNTER SEIN

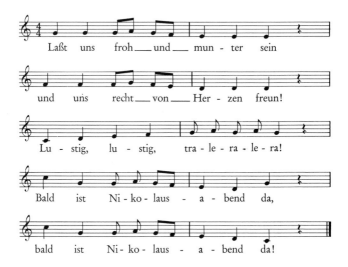

Laßt uns froh und mun - ter sein

und uns recht von Her - zen freun!

Lu - stig, lu - stig, tra - le - ra - le - ra!

Bald ist Ni - ko - laus - a - bend da,

bald ist Ni - ko - laus - a - bend da!

1. Laßt uns froh und munter sein
und uns recht von Herzen freun!
Lustig, lustig, traleralera!
Bald ist Nikolausabend da,
bald ist Nikolausabend da!

2. Dann stell' ich den Teller auf,
Nikolaus legt gewiß was drauf.
Lustig, lustig . . .

3. Wenn ich schlaf, dann träume ich,
jetzt bringt Nikolaus was für mich.
Lustig, lustig . . .

4. Wenn ich aufgestanden bin,
lauf ich schnell zum Teller hin.
Lustig, lustig . . .

5. Nikolaus ist ein guter Mann,
dem man nicht genug danken kann.
Lustig, lustig . . .

Melodie und Text: Aus dem Rheinland

SÜSSER
DIE GLOCKEN
NIE KLINGEN

Sü-ßer die Glocken nie klin-gen, als zu der Weihnachts-zeit. _____ s'ist als ob En-ge-lein sin-gen wie-der von Frie-den und Freud', _____ wie sie ge-sun-gen in se-li-ger Nacht, wie sie ge-sun-gen in se-li-ger Nacht. Glok-ken mit hei-li-gem Klang, _____ klin-get die Er-de ent-lang. _____

1. Süßer die Glocken nie klingen,
als zu der Weihnachtszeit,
's ist als ob Engelein singen,
wieder von Frieden und Freud',
|: wie sie gesungen in seliger Nacht, :|
Glocken mit heiligem Klang,
klinget die Erde entlang.

2. Oh, wenn die Glocken erklingen,
schnell sie das Christkindlein hört,
tut sich vom Himmel dann schwingen,
eilet hernieder zur Erd,
|: segnet den Vater, die Mutter, das Kind :|
Glocken mit heiligem Klang,
klingt doch die Erde entlang!

KLING, GLÖCKCHEN, KLINGELINGELING

Kling, Glöckchen, klin-ge-lin-ge-ling, kling, Glöckchen, kling!

Laßt mich ein, ihr Kin - der, ist so kalt der Win -ter,

öff - net mir die Tü - ren, laßt mich nicht er - frie -ren,

Kling, Glöckchen, klin-ge-lin-ge-ling, kling, Glöckchen, kling!

1. Kling, Glöckchen, klingelingeling,
kling, Glöckchen, kling!
Laßt mich ein, ihr Kinder,
ist so kalt der Winter,
öffnet mir die Türen,
laßt mich nicht erfrieren.
Kling, Glöckchen, klingelingeling,
kling, Glöckchen, kling!

2. Kling, Glöckchen, klingelingeling,
kling, Glöckchen, kling!
Mädchen, hört, und Bübchen,
macht mir auf das Stübchen,
bring euch viele Gaben,
sollt euch dran erlaben.

Kling, Glöckchen, klingelingeling,
kling, Glöckchen, kling!

3. Kling, Glöckchen, klingelingeling,
kling, Glöckchen, kling!
Hell erglüh'n die Kerzen,
öffnet mir die Herzen,
will drin wohnen fröhlich,
frommes Kind, wie selig.
Kling, Glöckchen, klingelingeling,
kling, Glöckchen, kling!

Text und Melodie: aus dem 19. Jahrhundert

SO SINGEN WIR DEN WINTER AN

So sin-gen wir den Win-ter an, er kommt ganz leis ge-gan-gen, ein heim-lich Tor ist auf-ge-tan, was wolln wir nun an-fan-gen? Ei-a, ei-a, ei-a, ei-a, wir wolln das Tor auf-ma-chen, auf-ma-chen.

2. Die Flocken fallen tief und dicht
auf Weg und Steg und Felder
und fern vom Himmel kommt ein Licht
und geht durch alle Wälder
|: Eia, eia . . ., das Licht wolln wir anzünden. :|

3. Das Licht wird hell und geht ins Haus
und scheint in alle Herzen,
wir holn den Baum vom Wald heraus
mit seinen tausend Kerzen
|: Eia, eia . . ., hell soll das Licht uns leuchten :|

Text und Melodie: Cesar Bresgen

ES IST FÜR UNS EINE ZEIT ANGEKOMMEN

Es ist für uns ei - ne Zeit an - ge -
kom - men, die bringt uns ei - ne gro - ße Freud.
Ü - bers schnee - be - glänz - te Feld wan - dern
wir, wan - dern wir durch die wei - te, wei - ße Welt.

1. Es ist für uns eine Zeit angekommen, die bringt uns
eine große Freud.
Übers schneebeglänzte Feld wandern wir, — wandern
wir durch die weite, weiße Welt.

2. Es schlafen Bächlein und See unterm Eise, es träumt
der Wald einen tiefen Traum :|
Durch den Schnee, der leise fällt, wandern wir, wandern
wir durch die weite, weiße Welt.

3. Vom hohen Himmel ein leuchtendes Schweigen erfüllt
die Herzen mit Seligkeit :|
Unterm sternbeglänzten Zelt wandern wir, wandern wir
durch die weite, weiße Welt.

Melodie: Schweizer Sterndrehermarsch; Text: Paul Hermann

LEISE
RIESELT
DER SCHNEE

Lei - se rie - selt der Schnee, still und starr liegt der See, _____ weihnacht - lich glän - zet der Wald, _ freu - e dich, Christkind kommt bald! _____

1. Leise rieselt der Schnee,
still und starr liegt der See,
Weihnachtlich glänzet der Wald,
freue dich, Christkind kommt bald!

2. In den Herzen ist's warm,
still schweigt Kummer und Harm
Sorge des Lebens verhallt,
freue dich, Christkind kommt bald!

3. Bald ist heilige Nacht,
Chor der Engel erwacht,
hört nur, wie lieblich es schallt:
Freue dich, Christkind kommt bald.

MORGEN, KINDER, WIRD'S WAS GEBEN

Mor-gen, Kin-der, wird's was ge-ben, mor-gen wer-den wir uns freun! Welch ein Ju-bel, welch ein Le-ben wird in un-serm Hau-se sein! Ein-mal wer-den wir noch wach, hei-ßa, dann ist Weihnachtstag!

1. Morgen Kinder, wird's was geben,
morgen werden wir uns freuen!
Welch ein Jubel, welch ein Leben
wird in unserm Hause sein!
Einmal werden wir noch wach,
heißa, dann ist Weihnachtstag!

2. Wie wird dann die Stube glänzen
von der großen Lichterzahl!
Schöner als bei frohen Tänzen
ein geputzter Kronensaal.
Wißt ihr noch, wie vorges Jahr
es am Heilgen Abend war?

3. Welch ein schöner Tag ist morgen!
Neue Freude hoffen wir,
unsre guten Eltern sorgen
lange, lange schon dafür.
O gewiß, wer sie nicht ehrt,
ist der ganzen Lust nicht wert!

Der Weihnachtsbaum

MORGEN KOMMT DER WEIHNACHTSMANN

Mor-gen kommt der Weihnachtsmann, kommt mit sei-nen
Ga - ben: Trom-mel, Pfei - fen und Ge-wehr,
Fahn' und Sä - bel und noch mehr, ja, ein gan - zes
Krie - ges - heer möcht ich ger - ne ha - ben!

1. Morgen kommt der Weihnachtsmann,
kommt mit seinen Gaben:
Trommel, Pfeifen und Gewehr,
Fahn' und Säbel und noch mehr,
ja ein ganzes Kriegesheer
möcht ich gerne haben!

2. Bring uns, lieber Weihnachtsmann,
bring auch morgen, bringe:
Musketier und Grenadier,
Zottelbär und Panthertier,
Roß und Esel, Schaf und Stier,
lauter schöne Dinge!

3. Doch du weißt ja unsern Wunsch,
kennst ja unsre Herzen!
Kinder, Vater und Mama,
auch sogar der Großpapa,
alle, alle sind wir da,
warten dein mit Schmerzen.

Melodie: L. von Call;
Text: Hoffmann von Fallersleben, 1835

O TANNENBAUM

O Tan-nenbaum, o Tan-nenbaum, wie grün sind dei - ne Blät - ter! Du grünst nicht nur zur Som-mers-zeit, nein, auch im Win - ter, wenn es schneit. O Tan - nenbaum, o Tan - nenbaum, wie grün sind dei - ne Blät - ter!

1. O Tannenbaum, o Tannenbaum,
wie grün sind deine Blätter!
Du grünst nicht nur zur Sommerszeit,
nein, auch im Winter, wenn es schneit.
O Tannenbaum, o Tannenbaum,
wie grün sind deine Blätter.

2. O Tannenbaum, o Tannenbaum,
du kannst mir sehr gefallen.
Wie oft hat nicht zur Weihnachtszeit
ein Baum von dir mich hocherfreut.
O Tannenbaum, o Tannenbaum,
du kannst mir sehr gefallen.

3. O Tannenbaum, o Tannenbaum,
dein Kleid will mich was lehren:
Die Hoffnung und Beständigkeit
gibt Trost und Kraft zu jeder Zeit.
O Tannenbaum, o Tannenbaum,
dein Kleid will mich was lehren.

Melodie: E. Anschütz, 18. Jahrhundert;
Text: A. Zarnack

AM WEIHNACHTSBAUM

Am Weihnachts - baum ___ die Lich - ter bren - nen, wie glänzt er fest - lich, lieb und mild als spräch er: „Wollt ___ in mir er - ken - nen ge - treu - er Hoff - nung stil - les Bild!"

1. Am Weihnachtsbaum die Lichter brennen,
wie glänzt er festlich, lieb und mild
als spräch er: »Wollt in mir erkennen
getreuer Hoffnung stilles Bild!«

2. Die Kinder stehn mit hellen Blicken,
das Auge lacht, es lacht das Herz;
o fröhlich seliges Entzücken!
Die Alten schauen himmelwärts.

3. Zwei Engel sind hereingetreten,
kein Auge hat sie kommen sehn;
sie gehn zum Weihnachtstisch und beten
und wenden wieder sich und gehn.

4. »Gesegnet seid, ihr alten Leute,
gesegnet sei, du kleine Schar!
Wir bringen Gottes Segen heute
dem braunen wie dem weißen Haar.

5. Zu guten Menschen, die sich lieben,
schickt uns der Herr als Boten aus,
und seid ihr treu und fromm geblieben,
wir treten wieder in dies Haus.«

6. Kein Ohr hat ihren Spruch vernommen;
unsichtbar jedes Menschen Blick
sind sie gegangen wie gekommen;
doch Gottes Segen blieb zurück!

WER KLOPFET AN?
Die Herbergssuche

WER KLOPFET AN?

Wer klop-fet an? „O zwei gar ar - me

Leut!" Was wollt ihr denn? „O gebt uns Her - berg

heut! O durch Got - tes Lieb wir bit - ten,

öff - net uns doch eu - re Hüt-ten!" O nein, nein, nein!

„O las - set uns doch ein!" Es kann nicht sein.

„Wir wol - len dank- bar sein." Nein, nein, nein, es

kann nicht sein. Da geht nur fort, ihr kommt nicht rein.

1. *(1. Wirt:)* Wer klopfet an? »O zwei gar arme Leut!«
Was wollt ihr denn? »O gebt uns Herberg heut!
O durch Gottes Lieb wir bitten,
öffnet uns doch eure Hütten!«
O nein, nein, nein! »O lasset uns doch ein!«
Es kann nicht sein. »Wir wollen dankbar sein.«
Nein, nein, nein, es kann nicht sein.
Da geht nur fort, ihr kommt nicht rein.
[Mann.«

2. *(2. Wirt:)* Wer vor der Tür? »Ein Weib mit ihrem
Was wollt denn ihr? »Hört unser Bitten an!
Lasset heut bei Euch uns wohnen,
Gott wird Euch schon alles lohnen!«
Was zahlt ihr mir? »Kein Geld besitzen wir!«
Dann geht von hier! »O öffnet uns die Tür!«
Ei, macht mir kein Ungestüm, da packt euch,
geht woanders hin!

3. *(3. Wirt:)* Was weinet ihr? »Vor Kält erstarren wir.«
Wer kann dafür? »O gebt uns doch Quartier!
Überall sind wir verstoßen,
jedes Tor ist uns verschlossen!«
So bleibt halt drauß! »O öffnet uns das Haus!«
Da wird nichts draus. »Zeigt uns ein andres Haus.«
Dort geht hin zur nächsten Tür!
Ich hab nicht Platz, geht nur von hier!
[wo aus?«

4. *(4. Wirt:)* Da geht nur fort! »O Freund, wohin?
Ein Viehstall dort! »Geh, Joseph, nur hinaus!
O mein Kind, nach Gottes Willen
mußt du schon die Armut fühlen.«
Jetzt packt euch fort! »O, dies sind harte Wort!«
Zum Viehstall dort! »O, wohl ein schlechter Ort!«
Ei, der Ort ist gut für euch; ihr braucht nicht viel.
Da geht nur gleich!

Melodie und Text: Aus Süddeutschland und Tirol

ES KAM EIN ENGEL
HELL UND KLAR
Der Engel

ES KAM
EIN ENGEL
HELL UND KLAR

Es kam ein En-gel hell und klar von Gott aufs Feld zur Hir-ten-schar; der war gar sehr von Her-zen froh und sprach zu ih-nen fröh-lich so:

1. Es kam ein Engel hell und klar
von Gott aufs Feld zur Hirtenschar;
der war gar sehr von Herzen froh
und sprach zu ihnen fröhlich so:

2. »Vom Himmel hoch da komm ich her
ich bring euch gute neue Mär;
der guten Mär bring ich so viel,
davon ich singn und sagen will.

3. Euch ist ein Kindlein heut geborn
von einer Jungfrau auserkorn
ein Kindelein so zart und fein;
das soll eur Freud und Wonne sein.

4. Es ist der Herr Christ, unser Gott,
der will euch führn aus aller Not;
er will eur Heiland selber sein,
von allen Sünden machen rein.

5. Er bringt euch alle Seligkeit,
die Gott der Vater hat bereit',
daß ihr mit uns im Himmelreich
sollt leben nun und ewiglich.

6. So merket nun das Zeichen recht:
die Krippe, Windelein so schlecht;
da findet ihr das Kind gelegt,
das alle Welt erhält und trägt.«

7. Des laßt uns alle fröhlich sein
und mit den Hirten gehn hinein,
zu sehn, was Gott uns hat beschert
mit seinem lieben Sohn verehrt.

8. Lob, Ehr sei Gott im höchsten Thron,
der uns schenkt seinen eignen Sohn.
Des freuet sich der Engel Schar
und singet uns solch neues Jahr.

*Text: Martin Luther 1535; 1. Strophe nach Valentin Triller, 1555;
Melodie: Leipzig 1539*

ENGEL AUF DEN FELDERN SINGEN

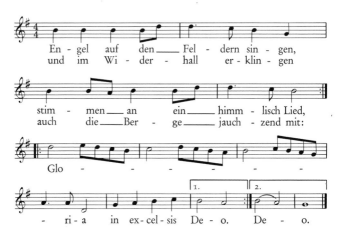

1. Engel auf den Feldern singen,
stimmen an ein himmlisch Lied,
und im Widerhall erklingen
auch die Berge jauchzend mit:
Gloria in excelsis Deo. Deo.

2. Sagt mir, Hirten, wem die Freude,
wem das Lied der Engel gilt!
Kommt ein König, daß die Weite
so von Jubel ist erfüllt?
Gloria ...

3. Laßt nach Bethlehem uns ziehen,
das ihn birgt im armen Stall,

laßt uns betend vor ihm knieen,
singen ihm mit Freudenschall:
Gloria . . .

4. Hirten, nun verlaßt die Herden,
stimmt ins Lob der Engel ein,
daß die Lüfte tönend werden
von dem Klange der Schalmei'n:
Gloria . . .

Volkslied aus Frankreich
Textübertragung: Maria Luise Thurmair-Mumelter

VOM HIMMEL HOCH, O ENGLEIN, KOMMT

1. Vom Himmel hoch, o Englein, kommt.
Eia, eia,
Susani, Susani, Susani!
Kommt, singt und klingt, kommt, pfeift und trombt.
Halleluja, Halleluja. Von Jesu singt und Maria.

2. Kommt ohne Instrumenten nit,
bringt Lauten, Harfen, Geigen mit.

3. Laßt hören euer Stimmen viel
mit Orgel- und mit Saitenspiel.

4. Hie muß die Musik himmlisch sein,
weil dies ein himmlisch Kindelein.

5. Die Stimmen müssen lieblich gehn
und Tag und Nacht nicht stille stehn.

6. Sehr süß muß sein der Orgel Klang —
süß über allen Vogelsang.

7. Das Saitenspiel muß lauten süß,
davon das Kindlein schlafen muß.

8. Singt Fried den Menschen weit und breit,
Gott Preis und Ehr in Ewigkeit.

Text und Melodie: Gesangbuch P. v. Brachel, Köln 1623

ALS ICH BEI MEINEN SCHAFEN WACHT

Die Hirten

ALS ICH BEI MEINEN SCHAFEN WACHT

Als ich bei mei-nen Scha-fen wacht, ein En-gel mir die Bot-schaft bracht. Des bin ich froh, bin ich froh, froh, froh, froh! Be-ne-di-ca-mus Do-mi-no!

1. Als ich bei meinen Schafen wacht,
ein Engel mir die Botschaft bracht.
Des bin ich froh, bin ich froh, froh, froh, froh!
Benedicamus Domino!

2. Er sagt, es soll geboren sein
zu Bethlehem ein Kindelein.
Des bin ich froh . . .

3. Er sagt, das Kind läg da im Stall
und soll die Welt erlösen all.
Des bin ich froh . . .

4. Als ich das Kind im Stall gesehn,
nicht wohl konnt ich von dannen gehn.
Des bin ich froh . . .

5. Als ich heimging, das Kind wollt mit,
es wollt von meiner Seite nit.
Des bin ich froh ...

6. Den Schatz muß ich bewahren wohl,
so bleibt mein Herz der Freuden voll.
Des bin ich froh ...

Text und Melodie: Aus Lothringen

WAS SOLL
DAS BEDEUTEN?

Was soll das be - deu - ten? Es ta - get ja schon! Ich weiß wohl, es geht erst um Mit - ter - nacht rum. Schaut nur da her! Schaut nur da her! Wie glän - zen die Stern - lein je län - ger je mehr.

1. Was soll das bedeuten?
Es taget ja schon!
Ich weiß, wohl es geht erst
um Mitternacht rum.
|: Schaut nur daher! :|
Wie glänzen die Sternlein
je länger je mehr.

2. Treibt z'sammen, treibt z'sammen
die Schäflein fürbaß!
Treibt z'sammen, treibt z'sammen,
dort zeig ich euch was:
|: Dort in dem Stall :|
werd't Wunderding sehen,
treibt z'sammen einmal!

3. Ich hab nur ein wenig
von weitem geguckt,
da hat mir mein Herz schon vor
Freuden gehupft:
|: Ein schönes Kind :|
liegt dort in der Krippe
bei Esel und Rind.

4. Ein herziger Vater,
der steht auch dabei,
ein wunderschön Jungfrau,
die kniet auch auf dem Heu!
Um und um singt's,
um und um klingt's,
man sieht ja kein Lichtlein
so um und um brinnt's.

5. Das Kindlein, das zittert
vor Kälte und Frost,
ich dacht mir, wer hat es denn
also verstoßt,
|: daß man auch heut :|
ihm sonst keine andere
Herberg anbeut?

6. So gehet und nehmet
ein Lämmlein vom Gras
und bringet dem schönen
Christkindlein etwas!
|: Geht nur fein sacht :|
auf daß ihr dem Kindlein
kein Unruh nicht macht!

Schlesisches Volkslied

DIE HIRTEN
AUF DEM
FELDE

Die Hir-ten auf dem Fel-de, sie hü-ten die Schaf,
der En-gel des Her-ren er-weckt sie vom Schlaf:
Er-schreckt nicht, ihr Hir-ten, es g'schieht euch kein Leid,
ich will euch ver-kün-den ein gar gro-ße Freud.

1. Die Hirten auf dem Felde, sie hüten die Schaf,
der Engel des Herren erweckt sie vom Schlaf:
Erschreckt nicht, ihr Hirten, es g'schieht euch kein Leid,
ich will euch verkünden ein gar große Freud.

2. Ihr Hirten, hört's alle, hört's alle zumal:
Der Heiland ist geboren zu Bethlehem im Stall.
Maria und Josef warn einzig allein,
der Name des Herrn soll Jesulein sein.

3. Ihr Hirten, lauft alle, lauft alle zugleich
und nehmet Schalmeien und Pfeifen mit euch,
lauft alle zumal mit freudreichem Schall
nach Bethlehem zum Kripplein, zum Kindlein im Stall!

Melodie und Text: Aus Tolnau

BRUDER, ICH GEH AUCH MIT DIR

Bru-der, ich geh auch mit dir, nehm mein Du-del-sack zu mir und mein Schal-mei auch!

1. Bruder, ich geh auch mit dir,
nehm mein Dudelsack zu mir und mein Schalmei auch!

2. Wenn ich geh zum Stall hinein,
grüß ich gleich das Kindelein und pfeif eins darzu.

3. Ei wie friert das göttlich Kind,
gehet ein und aus der Wind; wie wär ich so froh,

4. wenn ich nur mein Häuserl hätt,
das dort unten im Dorfe steht, und mein Staderl auch!

5. Nehmt die Mutter mit dem Kind,
in das Häuserl führt's geschwind! Wie wär ich so froh!

6. Milch und Mehl das hab ich schon,
daß ich e Müserl kochen kann, wenn das Kinderl schreit.

7. B'hüt dich Gott, liebs Kindelein,
morgen kehr ich wieder ein, will dir bringen all's,

8. was dir wird vonnöten sein:
Milch und Mehl und Butterschmalz, und e bissel Salz.

Volkslied, Melodie von Fritz Dietrich

AUF, IHR HIRTEN, VON DEM SCHLAF

Auf, ihr Hir - ten, von dem Schlaf, von dem Schlaf,
sam - melt ein die scheu-en Schaf, scheu-en Schaf,

bei so schö-nen Zei - ten, Denn die Nacht ist
daß sie fröh-lich wei - den! und der Tag auf -

schon vor - bei hebt euch ei-lends aus der Ruh,
gan-gen neu,

aus der Ruh, lau - fet eu - rer Her - de zu!

1. Auf, ihr Hirten, von dem Schlaf, von dem Schlaf,
bei so schönen Zeiten,
sammelt ein die scheuen Schaf, scheuen Schaf
daß sie fröhlich weiden!
Denn die Nacht ist schon vorbei und der Tag aufgangen
hebt euch eilends aus der Ruh, aus der Ruh,   [neu,
laufet eurer Herde zu!

2. Nehmet wunder, höret an, höret an,
was wir Neu's vernommen:
uns ist fremder Jubelton, Jubelton
heut zu Ohren kommen.
Ja, er kommt uns eben vor wie ein ganzer Engelchor,
ist kein blöder Schäferston, Schäferston
wie vom Himmel kling es schon.

3. Gehet an des Wunders Ort, Wunders Ort,
sehet, was geschehen,
bin ja selbst gewesen dort, gewesen dort,
konnt's mit Augen sehen.
Eine ganze Engelschar, unter welcher einer war,
der sich ganz zu uns geneigt, uns geneigt,
tausend Freuden angezeigt.

4. Nun so nehmt den Hirtenstab, den Hirtenstab,
nach der Stadt zu eilet.
Reicht ihm eine reiche Gab', reiche Gab',
dankbar euch erweiset.
Blast auf euerm Hirtenspiel,
ich desgleichen auch tun will.
Nun so gehn wir fröhlich fort, fröhlich fort,
daß wir sehn des Wunders Ort.

5. Geht und schaut das Kindelein, Kindelein,
seht es freundlich liegen,
daß es selbst die Engelein, Engelein,
in der Krippe wiegen.
Englein singen in dem Stall, daß es klinget überall.
Also, Brüder, fröhlich dran, fröhlich dran,
daß es uns all segnen kann.

6. Stimmet an den Liedgesang, Liedgesang,
daß sich's Kindlein freuet,
und mit Geigen, Flötenklang, Flötenklang,
Gottes Sohn betreuet.
Mit den Engelchören rein stimmen wir ins Loblied ein:
»Gloria in excelsis, excelsis!«,
Erd und Himmel singen dies.

Melodie und Text: Aus der Kremnitzer Sprachinsel

ES LAGEN IM FELDE DIE HIRTEN BEI NACHT

Es la-gen im Fel-de die Hir-ten bei Nacht, die
ha-ben ge-fro-ren und ha-ben ge-wacht. Die
wa-ren wohl hung-rig, die wa-ren wohl müd, wie's
heu-te noch Hir-ten im Fel-de ge-schieht.

1. Es lagen im Felde die Hirten bei Nacht,
die haben gefroren und haben gewacht.
Die waren wohl hungrig, die waren wohl müd,
wies heute noch Hirten im Felde geschieht.

2. Da scholl in den Lüften das Jubelgeschrei,
sie hörtens und kamen voll Freuden herbei,
vergaßen den Schlummer, verschmerzten die Pein
und drangen zum Stall und zur Krippe herein.

3. Und was sie gesehen, wir sehen es heut,
und alle, die's sehen, sind selige Leut,
sind selig und fröhlich und gehn mit Gesang
und sagen dem Kinde Lob, Ehren und Dank.

4. Die himmlischen Chöre, die singen wohl hell,
viel heller denn Menschen. Doch kömm nur, Gesell,
die Kehle gewetzt und die Stimme geprobt:
Wer nimmer gesungen, heut singt er und lobt.

5. Die himmlischen Sterne sind alle Nacht schön,
doch heute blickt einer aus ewigen Höhn,
der zeigt uns den Weg, und wir folgen geschwind
und segnen die Mutter und grüßen das Kind.

Melodie: Christian Lahusen; Text: Rudolf Alexander Schröder

LOS, BRUEDA FLORIDAN

Los, Brue- da Flo - ri - dan,— hör mi a we- ni — an,— i mueß dir ains da - zöh - ln, han da's heunt früeh schon wöl-ln, nur nit da-schrick, as is — a Glück; i sag da's glatt, nimm ma kain Maul fürs Blatt, nimm ma fürs Maul kein Blatt, kain Maul fürs — Blatt.

1. Los, Brueda Floridan,
hör mi a weni an,
i mueß dir ains dazöhln,
han da's heunt früeh schon wölln,
nur nit daschrick,
as is a Glück;
i sag da's glott,
nimm ma kain Maul fürs Blatt,
nimm ma kain Maul fürs Blatt, kain Maul fürs Blatt.

2. Nacht schier um Mittanacht,
Wie i in Feld draust g'wacht

78

Und bey dem Rindvieh stund,
Da lief davon mein Hund,
Hat si so gschwind
Als wie da Wind
In Stall vastöckt,
|: Als hiet a Wolf ihn g'schmöckt, :|
A Wolf ihn g'schmöckt!

3. Aft heb i d' Augn in d' Höch,
Da war ma Angst und weh,
Der Himmel war, mein Aid,
Ganz foiri und rait (rot),
Monschein und Stern
Ham g'leucht von fern
So hell und schien,
|: Als wollt die Sonn aufgiehn, :|
Die Sonn aufgiehn.

4. Glei tats ma falln ein,
Es kunnt vielleicht a seyn,
Daß drobn in ewign Lebn
Nit habm aufs Foier Acht gebn;
Was gilts, da Brand
Nimmt übahand
Und 's Himmelreich
|: Wird wahrla brinna z'gleich :|
Wird brinna z'gleich.

5. Wie i so denkt han drauf,
Tat si da Himmel auf,
A ganzi Engelschar
Han i gsechn bey den Tor,
Als wie da Wind
San s' gflogn gschwind
Aufs Nachban Stall,

|: Als wars a Königssaal, :|
A Königssaal.

6. Aina, der gang zu mir,
Ist g'west der Schönste schier,
Fangt glei zu singa an,
I ihms nöt nach toan kann;
A großi Freud
Er mir andeut,
Daß sey in Stall,
|: Der ins erlöset all, :|
Dalöset all!

7. Jodl hats a erfahrn,
Wie er ist munta warn
Hat ihm da Engl gschwind
A diese Freud vakündt,
Lauft wie a Pfeil
In aller Eil
Zu meina Herschd;
|: Sagt mir, was er hat ghörscht! :|
Was er hat ghörscht!

8. Aft luf ma flux zan Stall
Abi ins Bethlemtal,
Habm ins gar nix vaweilt,
Habm ainst den Stall zueg'eilt.
I nahm a Kalb,
Das g'wachsen halb,
Der Jodl ebn
|: Wollt a wie i was gebn, :|
Wie i was gebn.

9. I gang halt glei voran,
Klopft bey den Küehstall an,

Da kam flux air (oaner) hefür
Und macht ins auf die Tür;
An alta Greis,
Wie Taubn weiß,
War daselb Mann,
|: Der ins hat aufgetan, :|
Hat aufgetan.

10. Da lag a klaines Kind,
Ban Esel und ban Rind
Harscht af spitzign Heu,
D' Muelta war a dabey;
Gar hisch und schien
Tat s' dahe giehn,
Fiel ma glei ein:
|: Das müeßt a Grafin seyn, :|
A Grafin seyn!

Melodie und Text: Aus der Steiermark

WILLKOMM, LIEBA VEITL

Will-komm, lie-ba Vei-tl, du wak-ke-rer Bue, geh, gehn ma mit-nan-da auf Beth-la-hem zue, zum Kind, so ge-born in Stall, halb da-frorn, das is da a Büe-berl, poz halb schla-pra-most, das ainst al-len Men-schn wird wern zum Trost!

1. Willkomm, lieba Veitl, du wackerer Bue,
geh, gehn ma mitnanda auf Bethlahem zue,
zum Kind, so geborn
in Stall, halb dafrorn,
das is da a Büeberl, poz halb schlapramost,
das ainst allen Menschn wird wern zum Trost!

2. Wie daß i hekemma will sagn dir rund,
Nacht wird a so gwest seyn um Mittanacht-Stund,
Da kunnt i nöt schlafn
Ban Gaiß und ban Schafn,
Gach hat si eröffnet das himmlische Tor,
Aft kämant Engl an ung'heuri Schar.

3. Das war halt a Gspiel, o mein Gott und mein Herr,
I siech wohl mein Lebtag dergleicha nöt mehr,
Wie goldini Lagln
Machten s' burzagagln,
Bald aufi, bald abi, bald hin und bald he,
Bald umadum umma, bald wieda wie eh.

4. Sö schrien umananda und juzn so sehr,
Daß i da mein Aid bald valorn das G'hör,
's Teil blasetn d' Flautn,
s' Teil schlugn die Lautn,
Der heilig Sanct Raphl hat an Dudlsack,
Sanct Michl und Gabriel führten den Takt.

5. Gach wir i so's gumpati G'wimmel betracht,
Da hat ma af aina die Botschaft gebracht
Und tat ma andeutn,
I soll mi ba Zeitn
Zum Kind nacha Bethlahem machan auf d' Rais,
Valassn Kühe, Ochsn, Schof, Kälber und Gaiß.

6. 's Kind war' da Messias vom himmlischn Saal,
A Jungfrau, dö hätt'n geborn in Stall;
Der wurd ins erröttn
Aus allerhand Nötn,
Ja gar von da höllischn Erbsünd befrein
Und ins amal führn in Himmel hinein.

7. Kam hat ma da Engl seyn blodern vollendt,
Da bin i vor Freudn wiera Narr umma g'rennt,
Zum Riepl, zan Stefl,
Zan Jodl, zan Flol,
Aft san ma allsamma, i, er und sie a,
Nach Bethlahem g'lofa, juhe hopsasa.

Melodie und Text: Aus der Steiermark

MEIN HIRT, VERNAHMEST DU SCHON

Mein Hirt, ver - nah-mest du schon heut nacht den
lieb - li-chen Ton? War fern ein Sin - gen, als
wär's im Traum, nun hal - ten's Him - mel und Er - de
kaum. O Hirt, vernahmst du den Ton, vernahmst du den Ton?

1. Mein Hirt, vernahmest du schon
.heut nacht den lieblichen Ton?
War fern ein Singen, als wär's im Traum,
nun halten's Himmel und Erde kaum.
O Hirt, vernahmst du den Ton, vernahmst du den Ton?

2. Mein Hirt, gewahrtest du nicht
heut nacht das helle Gesicht?
War erst, als wär es ein fremder Stern;
nun ward's ein Feuer und wir sein Kern.
O Hirt, gewahrst du das Licht?

3. Mein Hirt, und hörst du das Wort?
Es schallt von jeglichem Ort.
Schallt hüben, drüben, schallt hier und dort;

viel Boten tragen es fröhlich fort.
O Hirt, du hörtest das Wort.

4. Der Held ward heute geborn,
der wendet Strafen und Zorn.
Nun lebt das Leben, nun stirbt der Tod.
O Hirt, wir waren in arger Not,
mein Hirt, wir waren verlorn.

5. Gesell, wir laufen geschwind
zum Stall und suchen das Kind.
Es muß in Windeln gewickelt sein:
blick her, da lag es zur Krippen ein und
schläft beim Esel und Rind.

6. Steht überm Stalle der Stern,
drei Weise kommen von fern.
Die bringen Myrrhen und Weihrauch dar
und Kleinod gülden, ich mein führwahr,
es sind gar mächtige Herrn.

7. Nun gebt Gott droben die Ehr
zusamt dem himmlischen Heer.
Singt Fried und Freude den Menschen alln,
singt eitel Frieden und Wohlgefalln;
das singt je länger je mehr!

Melodie: Christian Lahusen;
Text: Rudolf Alexander Schröder

KOMMET,
IHR HIRTEN

Kom - met,—ihr Hir - ten,—ihr Män - ner—und Fraun,
kom - met,—das—lieb - li - che—Kind-lein—zu schaun,

Chri-stus der Herr ist heu-te ge-bo-ren, den Gott

zum Hei-land euch hat er-ko-ren. Fürch-tet—euch nicht.

1. Kommet, ihr Hirten, ihr Männer und Fraun,
kommet, das liebliche Kindlein zu schaun,
Christus der Herr ist heute geboren,
den Gott zum Heiland euch hat erkoren.
Fürchtet euch nicht.

Hirten:
2. Lasset uns sehen in Bethlehems Stall,
was uns verheißen der himmlische Schall.
Was wir dort finden, lasset uns künden,
lasset uns preisen in frommen Weisen:
Halleluja.

Alle:
3. Wahrlich, die Engel verkündigen heut
Bethlehems Hirtenvolk gar große Freud.
Nun soll es werden Friede auf Erden,
den Menschen allen ein Wohlgefallen:
Ehre sei Gott.

Melodie: Aus Böhmen; Text: Carl Riedel

STILLE NACHT,
HEILIGE NACHT
Die Geburt des Kindes

STILLE NACHT, HEILIGE NACHT

Stil - le Nacht, hei - li - ge Nacht! Al - les schläft, ein - sam wacht nur das trau - te hoch - hei - li - ge Paar. Hol - der Kna - be im lok - kigen Haar, schlaf in himm - lischer Ruh, schlaf in himm - li - scher Ruh!

1. Stille Nacht, heilige Nacht!
Alles schläft, einsam wacht
nur das traute hochheilige Paar.
Holder Knabe im lockigen Haar,
|: schlaf in himmlischer Ruh. :|

2. Stille Nacht, heilige Nacht!
Hirten erst kundgemacht;
durch der Engel Halleluja
tönt es laut von fern und nah:
|: Christ der Retter ist da. :|

3. Stille Nacht, heilige Nacht!
Gottes Sohn, o wie lacht
Lieb aus deinem göttlichen Mund,
da uns schlägt die rettende Stund,
|: Christ, in deiner Geburt. :|

Text: Josef Mohr / Melodie: Franz Gruber

HEILIGSTE NACHT

Hei - lig - ste Nacht,   hei - lig - ste Nacht!

Fin - ster - nis wei - chet, es strah - let hie - nie - den

lieb - lich und präch - tig vom Him - mel ein Licht,

En - gel er - schei - nen, ver - kün - den den Frie - den,

Frie - den den Men - schen, wer freu - et sich nicht?

Kom - met, ihr Chri - sten, o _ kom - met geschwind!

Seht da _ die _ Hir - ten, wie ei - lig _ sie _ sind!

Eilt _ mit _ nach Da - vids Stadt! Den _ Gott _ ver - hei - ßen hat,

liegt dort _ als _ Kind,   liegt dort _ als _ Kind!

1. Heiligste Nacht, heiligste Nacht!
Finsternis weichet, es strahlet hienieden
lieblich und prächtig vom Himmel ein Licht.
Engel erscheinen, verkünden den Frieden,
Frieden den Menschen, wer freuet sich nicht?
Kommet, ihr Christen, o kommet geschwind!
Seht da die Hirten, wie eilig sie sind!
Eilt mit nach Davids Stadt!
Den Gott verheißen hat,
liegt dort als Kind, liegt dort als Kind!

2. Göttliches Kind, göttliches Kind!
Du, der gottseliger Väter Verlangen,
Zweig, so der Wurzel aus Jesse entsprießt,
laß dich mit inniger Liebe umfangen,
sei mir mit herzlicher Demut gegrüßt!
Göttlicher Heiland, der Christenheit Haupt,
was uns der Sündenfall Adams geraubt,
schenket uns deine Huld,
sie tilgt die Sündenschuld
jedem, der glaubt, jedem, der glaubt!

Melodie und Text: Aus dem Rheinland

NIEMALS
WAR DIE NACHT
SO KLAR

Niemals war die Nacht so klar. Nie-mals war für al-le Men-schen ei-ne Zeit so wun-der-bar. Blast, Kla-ri-net-ten, schmettert, Trom-pe-ten, macht mit den Or-gel-pfei-fen sü-ßen Schall. Um sich uns Ar-men still zu er-bar-men, kam heut der Hei-land in dies Er-den-tal.

1. Niemals war die Nacht so klar.
Niemals war für alle Menschen eine Zeit so wunderbar.
Blast, Klarinetten, schmettert, Trompeten,
macht mit den Orgelpfeifen süßen Schall.
Um sich uns Armen still zu erbarmen kam heut' der
Heiland in dies Erdental.

2. Singt Triumph mit süßem Klang
daß die Erde sich erfülle

94

mit Gesang und Saitenklang.
|: Blast, Klarinetten, schmettert, Trompeten :|

3. Nun ist alle unsere Not,
nun ist unser tiefes Elend
durch des Königs Ankunft tot.
|: Blast, Klarinetten, schmettert, Trompeten :|

Aus dem linksrheinischen Grenzland

IHR KINDERLEIN KOMMET

Ihr Kin - der - lein, kom - met, o kom - met doch all! Zur Krip - pe her kom - met in Beth - le - hems Stall. Und seht, was in die - ser hoch - hei - li - gen Nacht der Va - ter im Him - mel für Freu - de uns macht.

1. Ihr Kinderlein kommet, o kommet doch all!
Zur Krippe her kommet in Bethlehems Stall.
Und seht, was in dieser hochheiligen Nacht
der Vater im Himmel für Freude uns macht.

2. O seht in der Krippe im nächtlichen Stall,
seht hier bei des Lichtleins hellglänzendem Strahl
in reinlichen Windeln das himmlische Kind,
viel schöner und holder, als Engel es sind.

3. Da liegt es, das Kindlein, auf Heu und auf Stroh;
Maria und Joseph betrachten es froh.
Die redlichen Hirten knien betend davor;
hoch oben schwebt jubelnd der Engelein Chor.

4. O beugt wie die Hirten anbetend die Knie,
erhebet die Händlein und danket wie sie.
Stimmt freudig, ihr Kinder — wer sollt sich nicht
                                              freun? —,
stimmt freudig zum Jubel der Engel mit ein!

5. Was geben wir Kinder, was schenken wir dir,
du bestes und liebstes der Kinder, dafür?
Nichts willst du von Schätzen und Reichtum der Welt,
ein Herz nur voll Demut allein dir gefällt.

DU KIND,
ZU DIESER
HEILIGEN ZEIT

Du Kind, zu die-ser heiligen Zeit ge-den-ken wir auch an dein Leid, das wir zu die-ser spä-ten Nacht durch unse-re Schuld auf dich gebracht. Ky - ri- e - lei-son.

1. Du Kind, zu dieser heiligen Zeit
gedenken wir auch an dein Leid,
das wir zu dieser späten Nacht
durch unsere Schuld auf dich gebracht.
Kyrieleison.

2. Die Welt ist heut voll Freudenhall.
Du aber liegst im armen Stall.
Dein Urteilsspruch ist längst gefällt,
das Kreuz ist dir schon aufgestellt.
Kyrieleison.

3. Die Welt liegt heut im Freudenlicht.
Dein aber harret das Gericht.
Dein Elend wendet keiner ab.
Vor deiner Krippe gähnt das Grab.
Kyrieleison.

4. Die Welt ist heut an Liedern reich.
Dich aber bettet keiner weich
und singt dich ein zu lindem Schlaf.
Wir häuften auf dich unsere Straf.
Kyrieleison.

5. Wenn wir mit dir einst auferstehn
und dich von Angesichte sehn,
dann erst ist ohne Bitterkeit
das Herz uns zum Gesange weit.
Hosianna.

Melodie: Gerhard Schwarz; Text: Jochen Klepper

O SELIGE NACHT

O se - li - ge Nacht! In himm - li - scher Pracht
er-scheint auf der Wei - de ein Bo - te der Freu - de den
Hir - ten, die nächt - lich die Her - de be - wacht.

1. O selige Nacht'
In himmlischer Pracht
erscheint auf der Weide
ein Bote der Freude
den Hirten, die nächtlich die Herde bewacht.

2. Wie tröstlich er spricht:
»O fürchtet euch nicht!
Ihr waret verloren,
heut ist euch geboren
der Heiland, der allen das Leben verspricht!

3. Seht Bethlehem dort,
den glücklichen Ort!
Da werdet ihr finden,
was wir euch verkünden,
das sehnlich erwartete göttliche Wort.«

4. Voll Freude sie sind.
Sie eilen geschwind
und finden im Stalle
das Heil für uns alle:
in Windeln gewickelt das göttliche Kind.

5. O tröstliche Zeit
die alle erfreut!
Sie lindert die Schmerzen,
sie wecket die Herzen
zum Danke, zur Liebe, zur himmlischen Freud.

Text: Christoph Bernhard Verspoell (1743–1818);
Melodie: Kaspar Carlis Gesangbuch, Augsburg 1800.

DER TAG
DER IST SO
FREUDENREICH

Der Tag der ist so freu - den-reich ____
denn Got - tes Sohn vom Him - mel-reich ____

al - ler Kre - a - tu - re; von ei - ner Jungfrau
ü - ber die Na - tu - re

ist ge-born, Ma - ri - a, du bist aus - er-korn, ____

daß du Mut-ter wä - rest. ____ Was ge-schah so

wun - der-lich? ____ Got - tes Sohn vom

Him-mel - reich ____ der ist Mensch ge - bo - ren.

1. Der Tag der ist so freudenreich
aller Kreature;
denn Gottes Sohn vom Himmelreich
über die Nature
von einer Jungfrau ist geborn,
Maria, du bist auserkorn,
daß du Mutter wärest.
Was geschah so wunderlich?

Gottes Sohn vom Himmelreich
der ist Mensch geboren.

2. Ein Kindelein so löbelich
ist uns geboren heute
von einer Jungfrau säuberlich
zu Trost uns armen Leuten.
Wär uns das Kindlein nicht geborn,
so wärn wir allzumal verlorn;
das Heil ist unser aller.
»Ei Du süßer Jesu Christ,
daß Du Mensch geboren bist,
behüt' uns vor der Hölle.«

3. Groß Wunderding sich bald begab,
wie uns die Schrift tut melden:
ein Engel kam vom Himmel herab
zum Hirten auf das Felde.
Ein großes Licht sie da umfing.
Der Engel Gottes zu ihn' ging,
verkündt ihn' neue Märe,
wie daß zu Bethlehem in der Stadt
ein Jungfrau den geboren hat,
der aller Heiland wäre.

4. Die Hirten wurden freudenvoll,
da sie den Trost empfingen.
Ein jeder das Kind sehen wollt,
gen Bethlehem sie gingen.
In einer Kripp gewickelt ein
fanden sie das Kindelein,
wie ihn' der Engel gesaget.
Sie fielen nieder all zugleich
und lobten Gott vom Himmelreich,
der sie so hätt begnadet.

5. Dem sollen wir auch danken schon
um seine großen Gaben,
die wir sein' allerliebsten Sohn
von ihm empfangen haben
in eines kleinen Kinds Gestalt —
der doch regiert mit aller Gewalt
im Himmel und auf Erden.
Dem sei Lob, Ehr und Preis bereit'
samt Heiligem Geist in Ewigkeit
von allen Kreaturen.

Melodie und Text: Aus dem 15. Jahrhundert

JOSEPH, LIEBER JOSEPH MEIN

Das Wiegen

JOSEPH, LIEBER JOSEPH MEIN

Jo - seph, lie - ber Jo - seph mein, hilf mir wieg'n mein Kin - de - lein, Gott der wird dein Loh - ner sein, im Him - mel-reich, der Jung-frau Kind Ma - ri - a.

1. Joseph, lieber Joseph mein,
hilf mir wieg'n mein Kindelein,
Gott der wird dein Lohner sein,
im Himmelreich,
der Jungfrau Kind Maria.

Joseph:
Gerne, liebe Maria mein,
helf ich wiegen dein Kindelein,
Gott der wird mein Lohner sein,
im Himmelreich,
der Jungfrau Sohn Maria.

Knecht:
Süßer Jesu auserkor'n,
weißt wohl, daß wir war'n verlor'n,
still uns deines Vaters Zorn,
dich hat gebor'n
die reine Magd Maria.

Aus dem 14. Jahrhundert

AUF DEM BERGE
DA GEHT DER
WIND

Auf dem Ber - ge da geht der Wind, da
wiegt die Ma - ri - a ihr Kind mit ih - rer schloh -
en - gel - wei - ßen Hand, sie hat da - zu kein
Wie - gen - band. „Ach Jo - seph, lie - ber Jo - seph mein,
ach hilf mir wie - gen mein Kin - de - lein!" „Wie
kann ich dir denn dein Kind - lein wiegn? Ich kann ja kaum
sel - ber die Fin - ger biegn." Schum, schei, schum, schei.

1. Auf dem Berge da geht der Wind,
da wiegt die Maria ihr Kind
mit ihrer schlohengelweißen Hand,
sie hat dazu kein Wiegenband.
»Ach Joseph, lieber Joseph mein,
ach hilf mir wiegen mein Kindelein!«
»Wie kann ich dir denn dein Kindlein wiegn?
Ich kann ja kaum selber die Finger biegn.«
Schum, schei, schum, schei.

Melodie und Text: Aus Oberschlesien

STILL, STILL, STILL, WEILS KINDLEIN SCHLAFEN WILL

Still,— still,— still, weils Kind-lein— schla-fen— will!
Ma - ri - a— tut es nie-der-sin-gen, ih-re—
keu-sche Brust dar-brin-gen. Still,— still,—
still, weils Kind - lein — schla - fen —will.

1. Still, still, still, weils Kindlein schlafen will!
Maria tut es niedersingen,
ihre keusche Brust darbringen.
Still, still, still, weils Kindlein schlafen will.

2. Schlaf, schlaf, schlaf, mein liebes Kindlein schlaf!
Die Engel tun schön musizieren,
vor dem Kindlein jubilieren.
Schlaf, schlaf, schlaf, mein liebes Kindlein schlaf!

3. Groß, groß, groß, die Lieb ist übergroß.
Gott hat den Himmelsthron verlassen
und muß reisen auf der Straßen.
Groß, groß, groß, die Lieb ist übergroß.

4. Auf, auf, auf, ihr Adamskinder auf!
Fallet Jesum all zu Füßen,
weil er für uns d'Sünd tut büßen!
Auf, auf, auf, ihr Adamskinder auf!

5. Wir, wir, wir, wir rufen all zu dir:
Tu uns des Himmels Reich aufschließen,
wenn wir einmal sterben müssen.
Wir, wir, wir, wir rufen all zu dir.

Melodie und Text: Aus dem Salzkammergut

LASST UNS DAS KINDLEIN WIEGEN

Laßt uns das Kind-lein wie - gen,
das Herz zum Kripp-lein bie - gen.

Laßt uns im Geist er - freu - en,
das Kind-lein be - ne - dei - en:

„O Je-su-lein süß, o Je-su-lein süß.“

1. Laßt uns das Kindlein wiegen,
das Herz zum Kripplein biegen.
Laßt uns im Geist erfreuen,
das Kindlein benedeien:
»O Jesulein süß, o Jesulein süß.«

2. Laßt uns dem Kindlein neigen,
ihm Lieb und Dienst erzeigen.
Laßt uns doch jubilieren
und geistlich triumphieren:
»O Jesulein süß, o Jesulein süß.«

3. Laßt uns dem Kindlein singen,
ihm unser Opfer bringen,
ihm alle Ehr beweisen
mit Loben und mit Preisen:
»O Jesulein süß, o Jesulein süß.«

4. Laßt uns sein Diener werden,
dieweil wir leben auf Erden:
es wird uns wohl belohnen
mit der himmlischen Kronen.
»O Jesulein süß, o Jesulein süß.«

Melodie und Text: Gesangbuch A. Quentel, Köln 1619

SEI UNS WILLKOMMEN

WILLKOMMEN

Die Weihnacht

SEI UNS WILLKOMMEN, HERRE CHRIST

Sei uns will-kom - men, Her - re Christ,

der du un - ser al - ler Her - re bist.

Sei will - kom - men, lie - ber Her - re,

hier auf der Er - de recht mit Eh-ren. Ky - ri - e - leis.

1. Sei uns willkommen, Herre Christ,
der du unser aller Herre bist.
Sei willkommen, lieber Herre,
hier auf der Erde recht mit Ehren.
Kyrieleis.

2. Gott ist geboren, unser Trost,
der hat durch sein Kreuz die Welt erlöst.
Sei willkommen, lieber Herre,
hier auf der Erde recht mit Ehren.
Kyrieleis.

Text und Melodie: Aachen 13./14. Jh.

NUN SEI UNS WILLKOMMEN, HERRE CHRIST

Nun sei uns will - kom - men, Her - re Christ, der du un - ser al - ler Her - re bist, will - kom - men auf Er - den!

Wiederholung

Schluß

1. u. 2. men auf Er - den!
3. men auf Er den!
4. men!

Nun sei uns willkommen, Herre Christ,
der du unser aller Herre bist,
willkommen auf Erden!

*Melodie und Text: nach einem flämischen Lied
des 17. Jahrhunderts; Kanon: Walter Rein*

CHRISTUM
WIR SOLLEN
LOBEN SCHON

Christum wir sol-len lo - ben schon, der rei-nen Magd
Ma - ri - en Sohn, so weit die lie - be Son - ne
leucht' und an al-ler Welt En - de reicht.
A - men.

1. Christum wir sollen loben schon,
der reinen Magd Marien Sohn,
so weit die liebe Sonne leucht'
und an aller Welt Ende reicht.

2. Der selig Schöpfer aller Ding
zog an eins Knechtes Leib gering,
daß er das Fleisch durchs Fleisch erwürb
und sein Geschöpf nicht ganz verdürb.

3. Des Himmels Chör sich freuen drob,
die Engel singen Gott zu Lob.
Den armen Hirten wird vermeldt
der Hirt und Schöpfer aller Welt.

4. »Lob, Ehr und Dank sei Dir gesagt,
Christe, geborn von reiner Magd,
mit Vater und dem Heiligen Geist
von nun an bis in Ewigkeit.«
Amen.

Nach dem Hymnus »A solis ortus cardine«
Melodie: 5. Jahrhundert / Text: Martin Luther

QUEM PASTORES LAUDAVERE

Quem pa-sto-res lau-da-ve-re,
Den die Hir-ten lob-ten seh-re

qui-bus an-ge-li di-xe-re:
und die En-gel noch viel meh-re,

ab-sit vo-bis iam ti-me-re,
fürcht' euch für-baß nim-mer-meh-re,

na-tus est rex glo-ri-æ.
euch ist ge-born ein König der Ehrn.

Nunc an-ge-lo-rum glo-ri-a
Heut sein die lie-ben En-ge-lein

ho-mi-ni-bus re-splen-du-it in
in hel-lem Schein er-schie-nen bei der

mun-do, quam ce-le-bris vic-to-ri-a
Nach-te den Hir-ten, die ihr Schä-fe-lein

re-co-li-tur in cor-de læ-ta-
bei Mon-denschein im wei-ten Feld be-

bun - do; no - vi par - tus gau - di - a
wach - ten. Gro - ße Freud und gu - te Mär

vir - go___ ma - ter___ pro - du - xit, et
wolln wir___ euch of - fen - ba - ren, die

sol ve - rus in te - ne - bris il - lu - xit.
euch und al - ler Welt___ soll wi - der - fah - ren:

Mag - num no - men Do - mi - ni E - ma - nu - el,
Got - tes Sohn ist Mensch ge - born, ist Mensch geborn,

quod an - nun - ti - a - tum est per Ga - bri - el.
hat ver - söhnt des Va - ters Zorn, des Va - ters Zorn.

1. Quem pastores laudavere,
quibus angeli dixere:
absit vobis iam timere,
natus est rex gloriae.

Chorus: Nunc angelorum gloria hominibus
resplenduit in mundo
quam celebris victoria recolitur
in corde laetabundo;
novi partus gaudia virgo mater produxit,

et sol verus in tenebris illuxit.
Magnum nomen Domini Emanuel,
quod annuntiatum est per Gabriel.

1. Den die Hirten lobten sehre
und die Engel noch viel mehre,
fürcht' euch fürbaß nimmermehre,
euch ist geborn ein König der Ehrn.

Alle: Heut sein die lieben Engelein
in hellem Schein erschienen bei der Nachte
den Hirten, die ihr Schäfelein bei Mondenschein
im weiten Feld bewachten.
Große Freud und gute Mär wolln wir euch offenbaren,
die euch und aller Welt soll widerfahren:
Gottes Sohn ist Mensch geborn, ist Mensch geborn,
hat versöhnt des Vaters Zorn, des Vaters Zorn.

2. I: Ad quem reges ambulabant,
II: aurum, thus, myrrham portabant,
III: immolabant haec sincere
IV: leoni victoriae.

Chorus: Pastores, palam dicite
in Bethlehem,
quem genuit Maria,
Deum verum et hominem,
errantium
qui est salus et vita.
Lux de coelo claruit
pace iam reparata,
et genitrix permansit illibata.
Magnum nomen . . .

2. I: Zu dem die Könige kamen geritten,
II: Gold, Weihrauch, Myrrhen brachten sie mitte.
III: Sie fielen nieder auf ihre Knie:
IV: Gelobet seist Du, Herr, allhie.

Alle: Sein' Sohn die göttlich Majestät
euch geben hat
und ein Menschen lassen werden.
Ein Jungfrau ihn geboren hat
in Davids Stadt,
da ihr ihn finden werdet
liegend in eim Krippelein
nackend, bloß und elende,
daß er all euer Elend von euch wende.
Gottes Sohn . . .

3. I: Exsultemus cum Maria
II: in coelesti hierarchia,
III: natum promat voce pia
IV: laus, honor et gloria.

Chorus: Magnum nomen Domini Emanuel,
quod est nobiscum Deus.
Culpae datur hodie
remissio;
laetetur homo reus.
Redemptori Domino
redempti iubilemus;
hic est dies et annus iubilaeus.
Magnum nomen . . .

3. I: Freut euch heute mit Maria
II: in der himmlischen Hierarchia,
III: da die Engel singen alle
IV: in dem Himmel hoch mit Schalle.

Alle: Darnach sangen die Engelein:
»Gebt Gott allein
im Himmel Preis und Ehre.
Groß Friede wird auf Erden sein,
des sollen sich freun
die Menschen alle sehre
und ein Wohlgefallen han:
der Heiland ist gekommen,
hat euch zu gut das Fleisch an sich genommen.«
Gottes Sohn . . .

4. I: Christo regi, Deo nato,
II: per Mariam nobis dato,
III: merito resonet vere
IV: laus, honor et gloria.

Chorus: »Rex regum natus hodie
de virgine,
conserva nos constantes,
ut post hanc vitam fragilem
sempiternam
simus participantes.«
Laus, honor et gloria
sit Deo in excelsis,
hominibus pax bonae voluntatis.
Magnum nomen . . .

4. I: Lobt, ihr Menschen alle gleiche,
II: Gottes Sohn vom Himmelreiche;
III: dem gebt jetzt und immer mehre
IV: Lob und Preis und Dank und Ehre.

Alle: Die Hirten sprachen: »Nun wohlan,
so laßt uns gahn
und diese Ding erfahren,

die uns der Herr hat kundgetan;
das Vieh laßt stahn,
er wirds indes bewahren.«
Da fanden sie das Kindelein
in Tüchelein gehüllet,
das alle Welt mit seiner Macht erfüllet.
Gottes Sohn . . .

Melodie: 14. Jahrhundert, bei Valentin Triller 1555;
Text: bei Matthäus Ludecus 1589 und Nicolaus Herman 1560

IN DULCI JUBILO

In dul-ci ju-bi-lo_____ nun sin-get und seid froh:_____ Un-sers Her-zens Won-ne liegt in præ-se-pi-o_____ und leuch-tet wie die Son-ne ma-tris in gre-mi-o._____ Al-pha es et O,_____ Al-pha es et O.

1. In dulci jubilo
nun singet und seid froh:
Unsers Herzens Wonne liegt
in praesepio
und leuchtet wie die Sonne
matris in gremio.
Alpha es et O,
Alpha es et O.

2. O Jesu parvule,
nach dir ist mir so weh.
Tröst mir mein Gemüte,
o puer optime,
durch alle deine Güte,
o princeps gloriae.

Trahe me post te,
trahe me post te.

3. Ubi sunt gaudia?
Nirgends mehr denn da,
wo die Engel singen
nova cantica
und die Zimbeln klingen
in regis curia.
Eja qualia,
eja qualia!

Melodie und Text: Aus dem 14. Jahrhundert

GELOBET SEIST DU, JESU CHRIST

„Ge - lo-bet seist Du, Je - su Christ, daß Du Mensch ge - bo-ren bist von ei - ner Jung-frau, das ist wahr, des freu - et sich der En - gel Schar." Ky - ri - e - leis.

1. »Gelobet seist Du, Jesu Christ,
daß Du Mensch geboren bist
von einer Jungfrau, das ist wahr,
des freuet sich der Engelschar.« Kyrieleis.

2. Des ewigen Vaters einig Kind
jetzt man in der Krippen findt;
in unser armes Fleisch und Blut
verkleidet sich das ewig Gut.
Kyrieleis.

3. Den aller Welt Kreis nie beschloß,
der liegt in Marien Schoß;
er ist ein Kindlein worden klein,
der alle Ding erhält allein.
Kyrieleis.

4. Das ewig Licht geht da herein,
gibt der Welt ein' neuen Schein;

es leucht' wohl mitten in der Nacht
und uns des Lichtes Kinder macht.
Kyrieleis.

5. Der Sohn des Vaters, Gott von Art,
ein Gast in der Welt hie ward
und führt uns aus dem Jammertal;
er macht uns Erben in seim Saal.
Kyrieleis.

6. Er ist auf Erden kommen arm,
daß er unser sich erbarm
und in dem Himmel mache reich
und seinen lieben Engeln gleich.
Kyrieleis.

7. Das hat er alles uns getan,
sein groß Lieb zu zeigen an.
Des freu sich alle Christenheit
und dank ihm des in Ewigkeit.
Kyrieleis.

Melodie: 15. Jahrhundert;
Text: (Str. 2–7): Martin Luther

LOBT GOTT,
IHR CHRISTEN

Lobt Gott, ihr Chri-sten, al - le — gleich in sei - nem höch- sten Thron, der heut schließt auf sein Him - mel - reich · und schenkt uns — sei - nen Sohn, und schenkt uns — sei - nen Sohn.

1. Lobt Gott, ihr Christen, alle gleich
in seinem höchsten Thron,
der heut schließt auf sein Himmelreich
und schenkt uns seinen Sohn.

2. Er kommt aus seines Vaters Schoß
und wird ein Kindlein klein,
er liegt dort elend, nackt und bloß
in einem Krippelein.

3. Er äußert sich all seiner Gewalt,
wird niedrig und gering
und nimmt an sich eins Knechts Gestalt,
der Schöpfer aller Ding.

4. Er liegt an seiner Mutter Brust,
ihr Milch die ist sein Speis —
an dem die Engel sehn ihr Lust,
denn er ist Davids Reis,

5. das aus seim Stamm entsprießen sollt
in dieser letzten Zeit —
durch welchen Gott aufrichten wollt
sein Reich, die Christenheit.

6. Er wechselt mit uns wunderlich:
Fleisch und Blut nimmt er an
und gibt uns in seins Vaters Reich
die klare Gottheit dran.

7. Er wird ein Knecht und ich ein Herr,
das mag ein Wechsel sein!
Wie könnt er doch sein freundlicher,
das herze Jesulein.

8. Heut schleußt er wieder auf die Tür
zum schönen Paradeis;
der Cherub steht nicht mehr dafür,
Gott sei Lob, Ehr und Preis!

Melodie: Liederblatt N. Herman 1554
Text: Nikolaus Herman.

ES IST EIN ROS ENTSPRUNGEN

1. Es ist ein Ros entsprungen
aus einer Wurzel zart,
als uns die Alten sungen: von Jesse kam die Art
und hat ein Blümlein bracht
mitten im kalten Winter
wohl zu der halben Nacht.

2. Das Röslein, das ich meine,
davon Jesaias sagt,
ist Maria die reine,
die uns das Blümlein bracht.
Aus Gottes ewgem Rat
hat sie ein Kind geboren
und blieb ein reine Magd.

3. Das Blümlein so kleine
das duftet uns so süß;
mit seinem hellen Scheine
vertreibts die Finsternis:

wahr' Mensch und wahrer Gott,
hilft uns aus allem Leide,
rettet von Sünd und Tod.

4. »O Jesu, bis zum Scheiden
aus diesem Jammertal
laß Dein Hilf uns geleiten
hin in den Freudensaal,
in Deines Vaters Reich,
da wir Dich ewig loben.
O Gott, uns das verleih.«

Melodie: Speierisches Gesangbuch Köln 1599;
Text Strophen 1 und 2: bei M. Praetorius 1609,
Strophe 3 und 4: bei Friedrich Layriz 1844

ZU BETHLEHEM GEBOREN

Zu Beth-le-hem ge-bo-ren ist uns ein Kin-de-lein. Das hab ich aus-er-ko-ren, sein ei-gen will ich sein. E-ja, e-ja, sein ei-gen will ich sein.

1. Zu Bethlehem geboren
ist uns ein Kindelein.
Das hab ich auserkoren,
sein eigen will ich sein.
Eja, eja, sein eigen will ich sein.

2. In seine Lieb versenken
will ich mich ganz hinab,
mein Herz will ich ihm schenken
und alles, was ich hab.

3. »O Kindelein, von Herzen
will ich Dich lieben sehr
in Freuden und in Schmerzen,
je länger mehr und mehr.

4. Dich, wahren Gott, ich finde
in meinem Fleisch und Blut,
darum ich fest mich binde
an Dich, mein höchstes Gut.

5. Dazu Dein Gnad mir gebe,
bitt ich aus Herzens Grund,
daß ich allein Dir lebe
jetzt und zu aller Stund.

6. Laß mich von Dir nicht scheiden,
knüpf zu, knüpf zu das Band
der Liebe zwischen beiden.
Nimm hin mein Herz zum Pfand.«

Melodie: Paris 1599, Köln 1638;
Text: Friedrich von Spee

LIEB NACHTIGALL, WACH AUF

1. Lieb Nachtigall wach auf!
Wach auf, du schönes Vögelein
auf jenem grünen Zweigelein,
wach hurtig ohn' Verschnauf.
Dem Kindelein auserkoren,
heut geboren, halb erfroren,
sing, sing, sing,
dem zarten Jesulein.

2. Flieg her zum Krippelein!
Flieg her, geliebtes Schwesterlein,
blas an dem feinen Psalterlein,
sing, Nachtigall, gar fein.
Dem Kindelein musiziere,
koloriere, jubiliere,
sing, sing, sing
dem süßen Jesulein!

3. Stimm, Nachtigall, stimm an!
Den Takt gib mit den Federlein,
auch freudig schwing die Flügelein,
erstreck dein Hälselein!
Der Schöpfer dein Mensch will werden
mit Geberden hier auf Erden:
Sing, sing, sing
dem werten Jesulein!

Melodie und Text: Bamberg 1670

NUN FREUT EUCH,
IHR CHRISTEN

1. Nun freut euch, ihr Christen,
singet Jubellieder
und kommet, o kommet nach Bethlehem.
Christus der Heiland stieg zu uns hernieder.
Kommt, lasset uns anbeten,
kommt, lasset uns anbeten,
kommt, lasset uns anbeten den König, den Herrn.

2. O sehet, die Hirten
eilen von den Herden
und suchen das Kind nach des Engels Wort;
gehn wir mit ihnen, Friede soll uns werden.

3. Der Abglanz des Vaters,
Herr der Herren alle,
ist heute erschienen in unserm Fleisch:
Gott ist geboren als ein Kind im Stalle.

4. Kommt, singet dem Herren,
singt, ihr Engelchöre.
Frohlocket, frohlocket, ihr Seligen.
Himmel und Erde bringen Gott die Ehre.

Text: nach »Adeste fideles« des Abbé Borderies um 1790;
Melodie: John Reading 17. Jh.

ICH STEH
AN DEINER KRIPPE
HIER

1. »Ich steh an Deiner Krippe hier,
o Jesu, Du mein Leben;
ich komme, bring und schenke Dir,
was Du mir hast gegeben.
Nimm hin, es ist mein Geist und Sinn,
Herz, Seel und Mut, nimm alles hin
und laß Dirs wohlgefallen.

2. Da ich noch nicht geboren war,
da bist Du mir geboren
und hast Dich mir zu eigen gar,
eh ich Dich kannt, erkoren.
Eh ich durch Deine Hand gemacht,
da hast Du schon bei Dir bedacht,
wie Du mein wolltest werden.

3. Ich lag in tiefer Todesnacht,
Du warest meine Sonne,
die Sonne, die mir zugebracht
Licht, Leben, Freud und Wonne.
O Sonne, die das werte Licht
des Glaubens in mir zugericht',
wie schön sind Deine Strahlen.

4. Ich sehe Dich mit Freuden an
und kann mich nicht satt sehen;
und weil ich nun nichts weiter kann,
bleib ich anbetend stehen.
O daß mein Sinn ein Abgrund wär
und meine Seel ein weites Meer,
daß ich Dich möchte fassen.«

Melodie: Johann Sebastian Bach (Gesangbuch Schemelli 1736)
Text: Paul Gerhardt

O DU MEIN LIEBES JESULEIN

O__ du mein lie-bes Je-su-lein, was hast du all' zu tun! Vom Abend bis zum Mor-gen hast du so viel zu sor-gen; o__ du mein lie-bes Je-su-lein, was hast du all' zu tun! Die Ster-ne wol-len blin-ken, die Er-de die soll trin-ken, die Son-ne die soll glü-hen, die Bäu-me wollen blü-hen, die Menschen wollen la-chen, die Freude soll er-wa-chen, und all den Tränen-jam-mer ver-treibst du aus der Kam-mer.

Von vorn bis 𝄐

O du mein liebes Jesulein,
was hast du all zu tun!
Vom Abend bis zum Morgen,
hast du so viel zu sorgen;
o du mein liebes Jesulein,
was hast du all zu tun!
Die Sterne wollen blinken,
die Erde die soll trinken,
die Sonne die soll glühen,
die Bäume wollen blühen,
die Menschen wollen lachen,
die Freude soll erwachen,
und all den Tränenjammer
vertreibst du aus der Kammer.

Aus dem linksrheinischen Grenzland,
bearbeitet von Ernst Klusen

DEN GEBOREN HAT EIN MAGD

Den ge - bo - ren hat ein Magd, hat der Welt das
Le - ben bracht und den bö - sen Feind ver - jagt
und al - ler sei - ner Macht be - raubt. Su su
su su su! Schlaf, mein lie - bes Kin - de - lein!

1. Den geboren hat ein Magd, hat der Welt das Leben
bracht
und den bösen Feind verjagt und aller seiner Macht
beraubt.
Su su su su su! Schlaf, mein liebes Kindelein!

2. O du liebes Kindelein, wollst doch unsre Freude sein
nun und alle Ewigkeit, denn du bist unser Herr allzeit.
Su su su s u su! Schlaf, mein liebes Kindelein!

Melodie und Text: Andernacher Gesangbuch, Köln 1608

DER DU DIE WELT GESCHAFFEN HAST

Der du die Welt ge-schaf-fen hast, kommst Jahr um Jahr, wirst un-ser Gast. Und Jahr um Jahr heißts ü-ber-all: für uns das Haus, für ihn den Stall.

1. Der du die Welt geschaffen hast,
kommst Jahr um Jahr, wirst unser Gast.
Und Jahr um Jahr heißts überall:
für uns das Haus, für ihn den Stall.

2. Und Jahr um Jahre führt der Pfad
von Bethlehem zur Schädelstatt.
Der Jahr um Jahr ihn kundgetan,
begreift der Engel Gottes Plan?

3. Begreift der Wirt, ihm kommt zugut
des Gastes hingemordet Blut?
Begreife, wer begreifen kann.
Wir knien im Staub, wir beten an.

Melodie: Hans Friedrich Micheelsen
Text: Rudolf Alexander Schröder

WIR HARREN CHRIST, IN DUNKLER ZEIT

Wir har-ren, Christ, in dunk-ler Zeit; gib Dei-nen Stern uns zum Ge-leit auf win-ter-li-chem Feld. Du ka-mest sonst doch Jahr um Jahr, nimm heut auch uns-rer Ar-mut wahr in der ver-wor-re-nen Welt.

1. »Wir harren, Christ, in dunkler Zeit;
gib Deinen Stern uns zum Geleit
auf winterlichem Feld.
Du kamest sonst doch Jahr um Jahr,
nimm heut auch unsrer Armut wahr
in der verworrenen Welt.

2. Es geht uns nicht um bunten Traum
von Kinderlust und Lichterbaum;
wir bitten, blick uns an
und laß uns schaun Dein Angesicht,
drin jedermann, was ihm gebricht,
gar leicht verschmerzen kann.

3. Es darf nicht immer Friede sein;
wer's recht begriff, der gibt sich drein.
Hat jedes seine Zeit.
Nur Deinen Frieden, lieber Herr,
begehren wir je mehr und mehr,
je mehr die Welt voll Streit.«

Melodie: Christian Lahusen;
Text: Rudolf Alexander Schröder

WIR SUCHEN DICH NICHT

Wir su-chen dich nicht,— Wir fin-den dich nicht.

Du suchst und fin-dest uns, — e-wi-ges Licht.—

Wir können dich, Kind, in der Krip-pe, nicht fassen, wir

kön-nen die Bot-schaft nur wahr—sein las-sen.

1. Wir suchen dich nicht.
Wir finden dich nicht.
Du suchst und findest uns, ewiges Licht.
Wir können dich, Kind in der Krippe, nicht fassen,
wir können die Botschaft nur wahr sein lassen.

2. Wir lieben dich wenig.
Wir dienen dir schlecht.
Du liebst und dienst uns, ewiger Knecht.
Wir können dich, Kind in der Krippe, nicht fassen,
wir können die Botschaft nur wahr sein lassen.

3. Wir eifern im Unsern
am selbstischen Ort.
Du mußt um uns eifern, ewiges Wort.
Wir können dich, Kind in der Krippe, nicht fassen,
wir können die Botschaft nur wahr sein lassen.

Melodie: Paul Ernst Ruppel 1968/1969; Text: Albrecht Goes 1950

DAS NEUE JAHR

NU WOLLE GOTT,
DASS UNSER GSANG

Nu wol - le Gott, daß un - ser Gsang mit
Lust und Freud von Herzen gang, zu wünschen euch ein
neu - es Jahr und er's in Gna - den ma - che wahr.

Nu wolle Gott, daß unser Gsang
mit Lust und Freud von Herzen gang,
zu wünschen euch ein neues Jahr
und er's in Gnaden mache wahr.

Melodie: 1584

ANDACHTSJODLER

Tjo tjo-i-ri, tjo tjo-i-ri, tjo tjo ri-i-di jo-e tjo-i-ri.

Tjo tjoiri, tjo tjoiri, tjo tjo riidi joe tjoiri

Aus Tirol

WIE SCHÖN LEUCHT'
UNS DER
MORGENSTERN
Die drei Könige

DIE HEIL'GEN DREI KÖNIG MIT IHRIGEM STERN

Die heil'-gen drei Kö-nig' mit ih-ri-gem Stern, die kom-men ge-gan-gen, ihr Frau-en und Herrn. Der Stern gab ih-nen den Schein; ein neu-es Reich geht uns her-ein.

1. Die heil'gen drei König' mit ihrigem Stern,
die kommen gegangen, ihr Frauen und Herrn.
Der Stern gab ihnen den Schein;
ein neues Reich geht uns herein.

2. Die heil'gen drei König' mit ihrigem Stern,
sie bringen dem Kindlein das Opfer so gern.
Sie reisen in schneller Eil,
in dreizehn Tag vierhundert Meil.

3. Die heil'gen drei König' mit ihrigem Stern
knien nieder und ehren das Kindlein, den Herrn.
Ein selige, fröhliche Zeit
verleih uns Gott im Himmelreich!

Melodie und Text: Aus Oberbayern

STERNSINGERLIED

1. Wir kommen daher aus dem Morgenland,
wir kommen, geführt von Gottes Hand.
Wir wünschen euch ein fröhliches Jahr:
Kaspar, Melchior und Balthasar.

2. Es führt uns der Stern zur Krippe hin,
wir grüßen dich, Jesus, mit frommem Sinn.
Wir bringen dir unsere Gaben dar:
Weihrauch, Myrrhe und Gold fürwahr!

3. Wir bitten dich: Segne nun dieses Haus
und alle, die gehen da ein und aus!
Verleihe ihnen zu dieser Zeit
Frohsinn, Frieden und Einigkeit!

Melodie: Heinrich Rohr; Text: Maria Ferschl

UMZUG DER STERNSINGER

Wir wol-len heut sin-gen Gott Lob und Dank,
hier kom-men die Wei-sen aus Mor-gen-land!

Aus Mor-gen-land, aus Son-nen-land,

da, wo die Sonn' am höch-sten stand.

1. Wir wollen heut singen Gott Lob und Dank,
hier kommen die Weisen aus Morgenland!
Aus Morgenland, aus Sonnenland,
da, wo die Sonn' am höchsten stand.

2. Wir haben's gehört, es ist uns neu,
daß uns ein Kind geboren sei,
ein kleines Kind, ein großer Gott,
der Himmel und Erde erschaffen hat.

3. Wir gingen wohl über den Berg herfür
und kamen wohl vor des Herodes Tür.
Herodes in dem Fenster lag,
als er die Weisen kommen sah.

4. Herodes fragte mit Schimpf und Spott:
Ach Gott, wo ist das dritte Wort?
Das dritte Wort ist ungenannt,
hier kommen drei Weisen aus dem Morgenland.

5. Wir gingen nach Bethlehem auf den Höhn,
da blieb der Stern wohl stille stehn,
wohl stille stehn, wohl stille stehn,
da blieb der Stern wohl stille stehn.

(Der Stern wird jetzt nicht mehr gedreht.)

6. Da gingen wir in das Haus hinein
und fanden Maria und das Kindelein.
Da taten wir unsere Schätze auf
und schenkten dem Kinde Gold, Weiherauch.

(Die drei Könige knien nieder.)

*Text und Melodie: Rheinisch-Bergisch,
aus dem Volksmund, um 1930 aufgezeichnet.*

EIN KIND GEBORN ZU BETHLEHEM

Ein Kind ge-born zu Beth - le-hem, Beth - le - hem; — des freu - et sich Je - ru - sa-lem. Hal - le - lu - ja, Hal - le - lu - ja.

1. Ein Kind geborn zu Bethlehem, Bethlehem; —
des freuet sich Jerusalem.
Halleluja, Halleluja.

2. Hier liegt es in dem Krippelein, — Krippelein;
ohn Ende ist die Herrschaft sein.
Halleluja, Halleluja.

3. Die König' aus Saba kamen her, — kamen her;
Gold, Weihrauch, Myrrhe brachten sie dar.
Halleluja, Halleluja.

4. Sie gingen in das Haus hinein, — Haus hinein
und grüßten das Kind und die Mutter sein.
Halleluja, Halleluja.

5. Sie fielen nieder auf ihre Knie, — ihre Knie
und sprachen: »Gott und Mensch ist hie.«
Halleluja, Halleluja.

6. Für solche gnadenreiche Zeit, — reiche Zeit
sei Gott gelobt in Ewigkeit.
Halleluja, Halleluja.

Melodie: bei Lucas Lossius 1553;
Text: 15. Jh. nach »Puer natus in Bethlehem«

ES FÜHRT DREI KÖNIG GOTTES HAND

Es führt drei Kö-nig Got-tes Hand mit ei-nem Stern aus Morgen-land zum Christ-kind durch Je - ru-sa - lem in ei-nen Stall nach Beth - le - hem. „Gott, führ uns auch zu die - sem Kind und mach aus uns sein Hof-ge - sind."

1. Es führt drei König Gottes Hand
mit einem Stern aus Morgenland
zum Christkind durch Jerusalem
in einen Stall nach Bethlehem.
»Gott, führ uns auch zu diesem Kind
und mach aus uns sein Hofgesind.«

2. Der Stern war groß und wunderschön;
im Stern ein Kind mit einer Kron,
ein gülden Kreuz sein Zepter war
und alles wie die Sonne klar.
»O Gott, erleucht vom Himmel fern
die ganze Welt mit diesem Stern.«

3. Aus Morgenland in aller Eil —
kaum dreizehn Tag viel hundert Meil,

Berg auf, Berg ab, durch Reif und Schnee —
Gott suchten sie durch Meer und See.
»Zu Dir, o Gott, kein Pilgerfahrt
noch Weg noch Steg laß werden hart.«

4. Herodes sie kein Uhr noch Stund
in seinem Hof aufhalten kunnt:
des Königs Hof sie lassen stehn,
geschwind, geschwind zur Krippen gehn.
»Gott, laß uns auch nicht halten ab
vom guten Weg bis zu dem Grab.«

5. Sobald sie kamen zu dem Stall,
auf ihre Knie sie fielen all;
dem Kind sie brachten alle drei
Gold, Weihrauch, Myrrhen, Spezerei.
»O Gott, nimm auch von uns für gut
Herz, Leib und Seel, Gut, Ehr und Blut.«

6. Mit Weihrauch und gebognem Knie
erkannten sie die Gottheit hie,
mit Myrrhen seine Menschheit bloß
und mit dem Gold ein' König groß.
»O Gott, halt uns bei dieser Lehr,
kein Ketzerei laß wachsen mehr.«

7. Maria hieß sie willkomm sein,
legt ihn' ihr Kind ins Herz hinein:
das war ihr Zehrung auf dem Weg
und frei Geleit durch Weg und Steg.
Gott geb uns auch das Himmelsbrot
zur Stärkung in der letzten Not.

Melodie und Text: Gesangbuch Köln 1623

HÖRT UNS'RE BOTSCHAFT

Weihnachten in aller Welt

LES ANGES DANS NOS CAMPAGNES

Les an-ges dans nos cam-pa-gnes ont en-ton-né l'hym-ne des cieux, et l'é-cho de nos mon-ta-gnes re-dit ce chant mé-lo-di-eux: Glo - - - - - - ri - a in ex-cel - sis De - o, De - o.

1. Les anges dans nos campagnes ont entonné l'hymne
   des cieux,
et l'écho de nos montagnes redit ce chant mélodieux:
Gloria in excelsis Deo, Deo.

2. Bergers, pour qui cette fête? Quel est l'objet de tous
   ces chants?
Quel vainqueur, quelle conquête méritent ces chœurs
   triomphants?
Gloria in excelsis Deo, Deo.

3. Ils annoncent la naissance du saint Rédempteur
d'Israël,
et, pleins de reconnaissance, chantent dans ce jour
solennel:
Gloria in excelsis Deo, Deo.

Altes französisches Weihnachtslied

ENTRE LE BŒUF ET L'ÂNE GRIS

En - tre le bœuf et — l'â - ne gris dort, dort, dort le pe-tit
fils; mille an - ges di - vins, mil - le sé - raphins
vo - lent à l'en-tour de ce Dieu d'amour.

1. Entre le bœuf et l'âne gris dort, dort,
dort le petit fils; mille anges divins, mille séraphins
volent à l'entour de ce Dieu d'amour.

2. Entre les deux bras de Marie dort, dort, dort le petit
fils. Mille anges . . .
3. Entre les roses et les lis dort, dort, dort le petit fils . . .

4. En ce beau pourp's'i solennel dort, dort, dort,
l'Emmanuel . . .

1. Zwischen Ochs und Eselein eia, schläft das Kindelein,
tausend Seraphin, tausend Engel ziehn ihren Ringel-
reih'n um das Jesulein.

2. Zwischen den Armen der Jungfrau rein eia, schläft
das Kindelein. Tausend Seraphin . . .

3. Zwischen den Rosen und Lilien fein eia, schläft das
Kindelein . . .
4. Zwischen dem Purpur leuchtend hell eia, schläft
Emmanuel . . .

Französisches Volkslied

I SAW THREE SHIPS

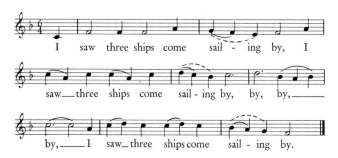

1. I saw three ships come sailing by,
I saw three ships come sailing by, by, by, by,
I saw three ships come sailing by.

2. I axed 'em where they came frae,
I axed 'em where they came frae, frae, frae, frae,
I axed 'em where they came frae.

3. They said they came frae Bethlehem,
they said they came frae Bethlehem, hem, hem, hem,
they said they came frae Bethlehem.

4. They said there's born the holy Child,
they said there's born the holy Child, Child, Child, Child,
they said there's born the holy Child.

Englisches Volkslied

WIEGENLIED

Schlaf, mein Kindlein, schlaf ein Schläfchen, ba-jusch-ki ba-
ju. Sil-bermond und Wolkenschäfchen sehn von o-ben zu,
Sil-bermond und Wolken-schäfchen sehn von o-ben zu.

1. Schlaf, mein Kindlein, schlaf ein Schläfchen,
                                    bajuschki baju.
Silbermond und Wolkenschäfchen sehn von oben zu,
Silbermond und Wolkenschäfchen sehn von oben zu.

2. Schlaf, mein Kind, du sollst einst werden wohl ein
                                    großer Held,
der ein Retter unsrer Erden und das Heil der Welt,
der ein Retter unsrer Erden und das Heil der Welt,

Text nach einem russischen Volkslied. Deutsche Fassung: Helmut Barbe

DIE HIRTEN
UND DIE ENGEL

Sieh, wie das Kin-de-lein zit-tert im Stroh, sieh, wie die Füßlein und Händlein ihm zit-tern; das klei-ne We-sen, es zit-tert ja so: Ei-a, po-pei-a, du frie-rest so sehr. Kindchen, sei stil-le und wei-ne nicht mehr!

1. Sieh, wie das Kindelein zittert im Stroh,
sieh, wie die Füßlein und Händlein ihm zittern;
das kleine Wesen, es zittert ja so:
Eia, popeia, du frierest so sehr.
Kindchen, sei stille und weine nicht mehr!

2. Rasch, nun ihr Hirten, eilt, kommt in den Stall,
spielet ein Schlummerlied vor diesem Kindchen,
spielt, daß es schlafe, mit ganz leisem Schall:
Eia, popeia, du frierest so sehr.
Kindchen, sei stille und weine nicht mehr!

3. Ihr kleinen Engel, nun tretet herein,
singet ein Gloria vor eurem König,
jubelt und singt zu der Hirten Schalmein:
Eia, popeia, du frierest so sehr.
Kindchen, sei stille und weine nicht mehr!

Nach dem holländischen »Hoe leit dit kindeken«.
Deutsche Fassung: Johannes Koepp.

ZU BETHLEHEM GEBOREN

Zu Beth-lehem ge-bo - ren war das Kin-de-lein,
da glänzt in tie-fer Nacht ein hel-ler Ta-ges-schein.
Solcher-lei Schimmer sah man nim-mer
an den Ster-nen wie da-zu-mal. Der
schön-ste hell - ste Stern, der rief die wei-sen
Kö-ni-ge im Mor-gen-lan-de fern.

1. Zu Bethlehem geboren
war das Kindelein,
da glänzt in tiefer Nacht ein heller Tagesschein.
Solcherlei Schimmer sah man nimmer an den Sternen wie
dazumal.

Der schönste hellste Stern,
der rief die weisen Könige im Morgenlande fern.

2. Da gab es keine Feinde
auf dem Erdenrund:
das Lämmlein auf der Weide
bei dem Löwen stund.

3. Zum Hirten blickte auf
der Schafe stumme Schar;
der Engel aber glänzte
wie Sonnenschein so klar.

Italienisches Weihnachtslied;
Deutsche Fassung: Werner Danckert

DIE BOTSCHAFT

Hört unsre Botschaft, die wir euch gebracht, was wir in Bethlehem sahen zur Nacht, lauscht unsern Worten an allen Orten, lauscht unsern Worten an allen Orten, Menschen gebt acht!

1. Hört unsre Botschaft, die wir euch gebracht,
was wir in Bethlehem sahen zur Nacht,
lauscht unsern Worten an allen Orten,
lauscht unsern Worten an allen Orten,
Menschen gebt acht!

2. Euch gab den Heiland die Jungfrau rein,
legt in die Krippe das Jesulein,
hat ihn geborgen, hüllt ihn mit Sorgen,
hat ihn geborgen, hüllt ihn mit Sorgen
in Tücher ein.

3. Engel des Himmels, sie nahten fürwahr;
rings von den Feldern der Hirten Schar,
brachte dem Herren, um ihn zu ehren,
brachte dem Herren, um ihn zu ehren,
Weihgaben dar.

4. Gott sandt' den Engel zu rufen sie all',
der aus der Wüste sie wies nach dem Stall,
dorthin zu eilen, ohne zu weilen,
dorthin zu eilen, ohne zu weilen,
ihnen befahl.

5. Und alle sahen das Wunder vollbracht:
Dunkel verwandelt zu blendender Pracht;
allen zur Wonne, hell wie die Sonne,
allen zur Wonne, hell wie die Sonne
strahlte die Nacht.

Text und Melodie: Aus Böhmen

JINGLE BELLS

Dashing through the snow in a one-horse o-pen sleigh,
o'er the fields we go, laugh-ing all the way.___
Bells on bob-tail ring, mak-ing spi-rits bright, what
fun it is to ride and sing a sleigh-ing song to-night!
Jin-gle, bells! Jin-gle, bells! Jin-gle all the way!
Oh, what fun it is to ride in a one-horse o-pen
sleigh!___ Jin-gle, bells! Jin-gle, bells! Jin-gle all the way!
Oh, what fun it is to ride in a one-horse o-pen sleigh!

Dashing through the snow
in a onehorse open sleigh,
over the fields we go,
laughing all the way.
Bells on bobtail ring,
making spirits bright
what fun it is to ride and sing a sleighing song to night!
Jingle, bells! Jingle, bells! Jingle all the way!
Oh, what fun it is to ride in a onehorse open sleigh!
Jingle, bells! Jingle, bells! Jingle all the way!
Oh, what fun it is to ride in a onehorse open sleigh!

Melodie und Text: Aus Nordamerika

GO TELL IT
ON THE MOUNTAIN

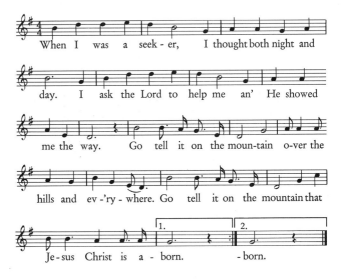

When I was a seek-er, I thought both night and day. I ask the Lord to help me an' He showed me the way. Go tell it on the moun-tain o-ver the hills and ev-'ry-where. Go tell it on the mountain that Je-sus Christ is a-born. -born.

1. When I was a seeker,
I thought both night and day.
I ask the Lord to help me
an' He showed me the way.
Go tell it on the mountain
over the hills and ev'rywhere.
Go tell it on the mountain
that Jesus Christ is aborn.

2. He made me a watch man
up on a city wall.
And if I am a Christian

I am the least of all.
Go tell it on the mountain
over the hills and ev'rywhere.
Go tell it on the mountain
that Jesus Christ is aborn.

Melodie und Text: Aus Nordamerika

NACHWORT VON
ERNST KLUSEN

Wohl kaum ein anderer Fest- oder Gedenktag führt so viele Gelegenheiten des Singens durch die ganze Breite der Bevölkerung herauf, wie das Weihnachtsfest. Das ist nicht nur heute so, wo häufig — zu Unrecht übrigens — das spontane, laienmäßige Singen zu Weihnachten als die einzig noch erhaltene Singgelegenheit in einer Welt bezeichnet wird, in der die elektronischen Medien, das Modelied und der Massenkonsum die Freude am selbstgesungenen Lied ausgelöscht haben. Auch in früheren Zeiten waren der weihnachtlichen Singgelegenheiten viele, und im heutigen Gebrauch der Groß- und Kleingruppen, der Kirchen, Familien, Vereine und Freundeskreise finden sich noch manche Weihnachtslieder vergangener Jahrhunderte.

Überblickt man diese reichhaltige Tradition und mustert man das Überlieferte nach Gehalt und Gestalt, dann wird deutlich, auf wie verschiedene Weise Weihnachten sich im Lied darstellt; und es wird offenbar, wie vielfältig das, was man mit dem einen Wort Weihnacht oder Christgeburt benennt, bedacht, empfunden oder dargestellt wurde. Nicht zuletzt geben die Weihnachtslieder, die alten wie die neuen, Zeugnis von dem in den verschiedenen Epochen so verschieden entwickelten Aspekten, unter denen die Menschen diese dunkelste Zeit des Jahres begriffen haben.

Es lohnt deshalb der Versuch, Weihnachtslieder als Dokumente sehr verschiedener Auffassungen vom Wesen des Weihnachtsfestes zu deuten: naturhafter, individueller, weltanschaulicher, theologischer. Es wird sich dabei erweisen, auf wie vielfältige Weise sich der Mensch in Liedern dem weihnachtlichen Ereignis genähert hat; daß innige Ergriffenheit in ihnen ebenso Platz hat, wie derbe Situationskomik, subtile Allegorie ebenso wie spießbürgerliche Moral, tiefsinnige theologische Spekulation wie oberflächliches Behagen.

Die dunkelste Zeit des natürlichen Jahres war in unserem Kulturkreis auch schon vor Christi Geburt auf manigfaltige Art hervorgehoben. Jul — das war bei den Germanen die Spanne jener 12 Nächte vom kürzesten Tag, dem 25. Dezember, bis zum 6. Januar; und dieser letzte Tag galt bei den Römern als Geburtstag des lebenspendenden Gottes Dionysos, bei den Christen aber als Epiphanias Domini, die Erscheinung des Herrn am Tage seiner Taufe, das ist: die Erscheinung seiner göttlichen Wesenheit; denn der biologische Vorgang einer Geburt als Festanlaß erschien den früheren Christen eher als heidnische Sitte. Später erst galt der 6. Januar als Tag der Christgeburt. Um den heidnischen Kulten des sol invictus und des Mithrasgeburtstages entgegenzuwirken — beide Feste wurden am 25. Dezember gefeiert — verlegte man das Fest der Christgeburt im 4. Jahrhundert auf dieses Datum. Das war der Kristtag, die Kerstnacht oder niederländisch die Kerstmisse, englisch Christmas. Der Ausdruck »Ze den wîhen nachten« — unser Weihnachten — scheint noch an die vorchristlichen Julnächte zu erinnern, taucht aber erst zu Ende des 13. Jahrhunderts auf.

Durch zwei Dinge suchten sich die Menschen in dieser dunkelsten Zeit des Jahres der lebenerhaltenden Kräfte zu vergewissern: durch das überwinternde, unsterbliche Grün des Efeus, der Mistel, des Lorbeer, der Tanne und der Fichte, wohl auch durch den Kirschenzweig, der, am Tage der hl. Barbara (4. Dezember) in die Stuben geholt, am 25. Dezember erblühte. Der Weihnachtsbaum, erst im 19. Jahrhundert allgemein verbreitet, ist seit dem Beginn des 17. Jahrhunderts, in Straßburg zuerst, bezeugt und hatte seine Vorläufer im geschmückten Tannenzweig, dem Weihnachtsmaien. Sebastian Brandt spottet 1494 in seinem »Narrenschiff« über den Glauben, durch den Weihnachtsmaien der lebenerhaltenden Kräfte sich zu versichern:

> Und wer nit etwas nuwes hat
> und umb das nuw jor singen gat
> und gryen Tannrisz steckt in syn hus,
> der meynt, er leb das jor nit us.

Wenn so geglaubt wird, daß man das kommende Jahr nicht überlebe, wenn man sich nicht das unvergängliche Immergrün ins Haus holt, so zeugt dies von den magischen Kräften, denen man ebenso vertraute, wie der durch Christi Geburt vermittelten Heilsgewißheit; und solches Tun verweist auf die immer wieder zu beobachtende Tatsache, daß dieses christliche Fest Begleiterscheinungen aufweist, die mit dem Wesen dieses Festes nur indirekt oder gar nichts zu tun haben.

Neben dem Immergrün ist es das Licht, das die Bedrohung der dunklen Zeit vertreiben soll. Licht und Immergrün gehen in der Lichterpyramide und dem lichtergeschmückten Weihnachtsmaien mannigfache Verbindungen ein, ihre letzte: der kerzentragende Weihnachtsbaum. Und so wie die Kerze aus dem Kirchenraum sich dem vorchristlichen Weihnachtsgrün zufügt, so wird auch bei der Betrachtung der Weihnachtslieder immer zu bemerken sein, wie Christliches und Außerchristliches sich begegnen, durchdringen und verdrängen. Vielleicht hat das Weihnachtslied als Gattung sogar gerade deswegen so ausdauernd und stark überlebt, weil es Grundfragen der menschlichen Existenz wie: Bestehen oder Vergehen, Angenommensein oder Ausgestoßensein, Geborgen oder Verloren unter so verschiedenen Aspekten darzustellen vermochte? Sehen wir näher zu.

Der da Weihnachten, in jener wîhen nacht, als Gottmensch geboren wurde, so sagen die Theologen, hatte zwei Naturen, eine menschliche und eine göttliche. Er hatte zwei Namen: einen, der seine göttliche Sendung bezeichnete – Messias, griechisch Christos, der Gesalbte und einen bürgerlichen sozusagen, den er trug wie jeder Mensch, Jehoschua, Jesus, das heißt »Jahwe ist Hilfe«. Diese beiden Namen sind auch für die Weihnachtslieder von besonderer Bedeutung. Denn es stellt sich heraus, daß der mit Christus Angeredete als der Gott, der Walter der Welt verstanden wird, unendlich über den Menschen seiend, der mit Jesus Angeredete aber als Mensch in seiner Gleichheit mit uns vor den Gefährdungen dieser Welt.

Die Alten sahen in Ihm auch als neugeborenes Kind den Gott, den Christ. Christfest nicht Jesusfest heißt das Ereignis, das die Weihnachtslieder begleiten. Ganz deutlich wird dies an Wort und Weise der ältesten Weihnachtslieder, den liturgischen Gesängen des gregorianischen Chorals der katholischen Kirche zu den drei Messen des Weihnachtsfestes. Sie sind seit dem frühen Mittelalter bekannt. In der streng-verhaltenen kirchentonalen Melodik und den körperlos schwebenden Rhythmen gewinnen die geheimnisvollen Worte einen Ernst und eine mystische Bedeutungsschwere, die an den dunklen Glanz romanischer Bilder erinnert, auf denen das neugeborene Kind gleichfalls als König und Weltenherrscher erscheint:

Der Herr sprach zu mir:
Heute habe ich dich gezeugt —

und

Heute blitzt ein Licht über uns:
denn geboren ist der Herr.
Und er wird genannt:
Bewunderungswürdiger, Gott,
Friedensfürst
Vater der künftigen Zeiten.

Vom Kind ist erst in der letzten Weihnachtsmesse die Rede, und auch dort heißt es von ihm

Ein Knabe ist uns geboren,
Ein Sohn ist uns geschenkt,
Auf seinen Schultern ruht die Herrschaft.

Damit ist ein Motiv angedeutet, das mehr oder minder deutlich ein Leitmotiv von Weihnachtsliedern bis auf den heutigen Tag geblieben ist. Der Neugeborene ist Gott, der die Welt regiert. Diese altkirchliche Überlieferung prägt sich sehr deutlich im ältesten deutschen Weihnachtslied aus, das wir kennen: *Nun sei uns willkommen, Herre Christ* (S. 117). Die erste, nur die beiden Eingangsverse umfassende, Aufzeichnung mit Text und Melodie findet sich im Evangeliar Otto III., der von 980—1002 regierte. Die Eintragung des Liedbeginns in den im Aachener Münster bewahrten Codex erfolgte jedoch erst um die Wende zum 14. Jahrhundert und steht hinter dem in der Weihnachtsnacht gesungenen Stammbaum Christi, dem liber generationis.
Wir wissen, daß der Diakon, wenn nach dem Absingen des Evangeliums das weihnachtliche Geheimnis Gegenwart geworden war, dieses Willkommlied an den Neuerschienenen anzustimmen hatte; die im Chorraum versammelten Schöffen setzten dann das Lied fort. Von daher erklären sich die einleitenden Worte »Sys willekomen«. Angeredet wird der »Herre Christ«. Am Ende des 14. Jahrhunderts wird dieses Lied zum ersten Mal vollständig überliefert. Auch hier zeigt die Melodie die Strenge gregorianischer Gesänge; nicht von ungefähr, denn sie entstammt einem sehr häufig verwandten gregorianischen Melodiemodell, das heutzutage beispielsweise am Palmsonntag bei der Antiphon Pueri hebraeorum gesungen wird. Dieses Lied verklang im 16. Jahrhundert und

wurde nach dem zweiten Weltkrieg vor allem im katholischen Kirchengesang wieder lebendig, nachdem in der Jugendbewegung zwischen den Weltkriegen ein nach diesem Lied gestalteter Kanon von Walter Rein (S. 116) die Aufmerksamkeit wieder auf diesen ältesten Weihnachtsgesang in deutscher Sprache lenkte. Solche ernste Weihnachtslieder werden in späterer Zeit selten. Bemerkenswert erscheint, daß sich diese ernsten, an den *Gott*menschen gerichteten Weihnachtslieder eher im protestantischen als im katholischen Bereich finden. So hielt Luthers starker Text *Christum wir sollen loben schon* (S. 118) die aus dem 5. Jahrhundert stammende Melodie des altkirchlichen Hymnus »A solis ortus cardine« lebendig, und die ebenfalls auf altkirchliches Überlieferungsgut sich beziehende Weise des *Gelobet seist du Jesu Christ* (S. 128) hielt sich mit den von Luther zugedichteten Strophen bis in die Gegenwart. Vorklänge dieser mehr feierlich und überwältigend, denn fröhlich und idyllisch empfundenen Christgeburt finden sich in den älteren Adventsliedern. Da kommt in einem mit mystischen Gleichnissen befrachteten Lied das »Wort Gottes« über das lebenspendende Wasser zu Schiff — in carrus navalis: *Es kommt ein Schiff geladen* (S. 12), da kündet der Wächter auf der Zinne die Ankunft des Herrn: *Wachet auf, ruft uns die Stimme* (S. 14) und »*Es kommt der Herr der Herrlichkeit*« (S. 10). Im Lied des Jesuiten Friedrich Spee heißt es gewaltig: *O Heiland reiß die Himmel auf!* (S. 22).

Neben diesen machtvollen Bildern des sich nahenden Christus bringen andere Lieder einen neuen Klang in das weihnachtliche Geschehen; einen Klang von Anmut und Zärtlichkeit, dort vor allem, wo nicht der kommende Herr, sondern die Jungfrau im Mittelpunkt des Geschehens steht. *Es flog ein Täublein weiße* (S. 20), in seiner Melodie übrigens von der gleichen Antiphonmelodie — direkt oder indirekt — beeinflußt, wie das »Nun sei uns willkommen«, aber um wieviel freundlicher in seiner anmutig gebogenen Melodie. Hier wird die erwartete Christusgeburt — wie auch bei dem schwermütigen *Maria durch ein' Dornwald ging* (S. 19) — mit einer scheuen Zärtlichkeit umschrieben, die um vieles vertraulicher ist als die Erhabenheit der vorher betrachteten Lieder. Von ähnlicher Zartheit sind spätmittelalterliche Weihnachtslieder: *Es ist ein Ros entsprungen* (S. 132), *Den geboren hat ein Magd* (S. 144) und das deutsch-lateinische Mischlied *In dulci jubilo* (S. 126). Auch die beiden Weihnachtslieder sind hier zu nennen, die mit den Worten »Vom Himmel hoch« beginnen: das von Luther nach einem weltlichen Text zu einem Weihnachtslied für Kinder umgeformte *Von Himmel hoch da komm ich her* (S. 26), bei dem sich die 1539 in Schumanns Gesangbuch zuerst abgedruckte Melodie vor den anderen allgemein durchgesetzt hat und das trauliche *Von Himmel hoch, o Englein, kommt* (S. 64) mit seinem Wiegerhythmus.

Hier zeigt sich, daß im späteren mittelalterlichen Lied auch die Weisen ihre alte Strenge und Herbheit verlieren. Ein gleichmäßiges Taktmetrum setzt sich durch, das körperlich faßbarer ist als die frei schwingende Rhythmik des gregorianischen Chorals; die Kirchentonarten wenden sich zum volkstümlichen Dur und die Melodik prägt statt des gemessenen Schreitens eine anmutige Beweglichkeit im Dreiklangsrahmen aus; so etwa bei dem Lied *Den geboren hat ein Magd* (S. 144). Dies geschieht selbst bei Liedern, die, wie dieses letztgenannte, ein Melodiemotiv ausprägen, das noch dem gregorianischen Choral entstammen könnte und manche Weihnachtslieder bis in die Gegenwart hinein prägte: eine Melodie, die vom Grundton zur Quint aufsteigt, die Quint um einen Ton bis zur Sext überwölbt und sich dann wieder abwärts senkt. Die erste Ausformung dieses Motivs erscheint am Beginn des Introitus zur dritten Weihnachtsmesse »Puer natus est nobis«, doch sind die aus diesem Motiv sich entfaltenden späteren Melodien sehr viel freundlicher als die gregorianische Urweise. Wer die Melodien dieser Sammlung einmal daraufhin durchsieht, wird dieses Motiv mannigfach abgewandelt in spätmittelalterlichen Liedern wie *In dulci jubilo* (S. 126), *Lobt Gott ihr Christen* (S. 130), *Der Tag der ist so freudenreich* (S. 102) und manchen anderen ebenso finden wie in späteren: *Auf ihr Hirten vom Schlaf* (S. 74), *Kommet ihr Hirten* (S. 86).

Die Neigung zur Idylle, gestuft von subjektiv-empfindsamer Frömmigkeit der spätmittelalterlichen devotio moderna bis zu realistischem, ja derbem Ergreifen sinnenhafter Wirklichkeit im Barock charakterisiert auf vielgestaltige Weise das Weihnachtslied seit dem hohen Mittelalter. Unerschöpflich tut sich hier die Phantasie im Ausmalen unzähliger Einzelheiten des weihnachtlichen Geschehens kund: Die Herbergssuche, das Kind bei Ochs und Esel zwischen den Eltern, das Wiegen, die Hirten, die drei Könige und des Herodes Kindermord — alle diese Einzelheiten der Gottesgeburt, liebevoll ausgemalt, transformieren das Heilsereignis in die menschliche Idylle, und es entsteht ein ganz neuer Typ Weihnachtslied, der sich seit dem hohen Mittelalter bis in das 17. Jahrhundert hinein noch mit Elementen des Volksschauspiels und des Umzugs verbindet. Jungfrau und Kind bilden meist den Mittelpunkt solcher Darstellungen und Lieder, wobei dann weniger vom Christus, dem Messias-König, sondern vom Jesus, gar vom »Jesulein« die Rede ist. Sogar bei dem bereits besprochenen ältesten Weihnachtslied *Nun sei uns willkommen* (S. 117) wandelt sich in einer flämischen Fassung des 16. Jahrhunderts die feierliche Anrede »Herre Christ« in die zutrauliche »Jesu, lieven Heer«; und auch das niederländische *Sieh wie das Kindelein zittert* (S. 172) ruft in wiegendem Takt Hirten und Englein herbei, liebevoll mitleidend die erbärmlichen Umstände der Christgeburt ausmalend. Auch die Engel, im Evangelium als Gestalten geschildert, die selbst den rauhen, gefahrgewohnten Hirten das Fürchten lehrten, sind nun die lieben kleinen Englein geworden, die anmutig die Krippe umschweben.

Das weihnachtliche Geschehen, einmal auf diese trauliche, detailfreudige Weise aufgefaßt, drängte dann auch zu vertraulichem Umgang in Formen begehender, darstellender Handlungen; um so mehr, als mit dem hl. Franziskus von Assisi seit 1223 die Krippe zu einem volkstümlichen Andachtsgegenstand wurde und aus dem Kirchenraum in die Wohnstube gelangte. Viele auch heute bekannte Weihnachtslieder waren ehemals mit Formen des weihnachtlichen Volksschauspiels verbunden, das im früheren Mittelalter von Klerikern in lateinischer Sprache und dem Kirchenraum verbunden, seit dem späteren Mittelalter von Laien in deutscher Sprache außerhalb der Kirche dargestellt wurde. Das Lied von der Herbergssuche *Wer klopfet an* (S. 56) stammt ebenso aus einem Weihnachtsspiel, wie das *Josef lieber Josef mein* (S. 106).

Eine große Rolle beim idyllischen Ausmalen des Details spielte das Kindelwiegen. Viele Weihnachtslieder des hohen und ausgedehnten Mittelalters wie die späterer Jahrhunderte zeigen die textlichen und musikalischen Eigenheiten des Wiegenliedes: die Klangsilben »eia« und »susani«, die im Dreiertakt hin- und herschwingende Dreiklangsmelodie: *Auf dem Berge da gehet der Wind* (S. 108) und noch manche andere dieser Sammlung.

Auch dazu fügten sich szenische Darstellungen. Das Jesuskind wurde auf den Altar gelegt, oder es wurde eine Wiege aufgestellt und Weihnachtswiegenlieder wurden beim Schaukeln der Wiege gesungen. So berichtet uns der Niederländer Syvaerts um die Mitte des 16. Jahrhunderts von einem Weihnachtsgottesdienst: Auf dem Altar stand eine Wiege; die Eltern führten die Kinder zur Kirche; jedes hatte eine Wiege und ein Glöckchen. Wenn nun während der Messe der Priester am Altar die Wiege bewegte und dazu »eia-eia« sang, begann jedes Kind seine Wiege mit dem Kindlein darin zu schaukeln und mit dem Glöckchen zu läuten. Dazu spielte die Orgel und schmückte das Ganze auf ihre Weise aus. Daß solch muntere Spielchen während der Messe nicht immer allgemeinen Beifall fanden, ist verständlich; verständlich aber auch, daß die Volksfrömmigkeit zu solcher Veranschaulichung sich hingezogen fühlte und damit eine Weihnachtsliedergattung hervorbrachte, die auch abgelöst von diesem Brauch die Jahrhundertwende überlebte: *Laßt uns das Kindlein wiegen* (S. 112), *In dulci jubilo* (S. 126).

Die bekannteste Begehung ist das Quempas-Singen. Von dem würdigen mittelalterlichen lateinischen Lied *Quem pastores laudavere* (S. 120) und seiner deutschen Übersetzung *Den die Hirten lobten sehre* ausgehend, fügte man diese beiden Fassungen zu einem deutsch-lateinischen Mischlied zusammen und benutzte es zu einem Umgang Jugendlicher, meist durch die Kirche zur Krippe während der Christmette. Andere Lieder wurden diesem Brauch noch hinzugefügt. Er hielt sich vor allem im protestantischen Norden und Osten Deutschlands trotz mancher Verbote der Obrigkeit.

Ein weiterer bedeutsamer Motivkreis erschloß sich den Weihnachtsliedern aus dem Evangelium des Lukas (2/1—20). Vor allem die Verkündigung über die Hirten und die Hirten an der Krippe erwiesen sich als fast unerschöpfliche Liedmotive, denen diese Sammlung einen eigenen Abschnitt widmet: *Als ich bei meinen Schafen wacht* (S. 68 ff). Hier prägten sich vor allem im späteren, deutschsprachigen Weihnachtsspiel die realistischen Züge aus.

Neben der Hochsprache wird auch die Mundart, den schlichten Hirten durchaus angemessen, einbezogen (S. 78ff.). Es kam sogar vor, daß einer der Hirten, in der Aufregung über die unbegreiflichen Ereignisse, sich ein wenig betrank. Jedenfalls waren die Hirtenszenen die volkstümlichsten und derbsten der Weihnachtsspiele, und die Lieder, die die Reaktionen der Hirten auf die Verkündigung und den Besuch an der Krippe darstellen, sind voll solcher realistischer Details: Der Glanz der Engel war wie ein Feuerbrand, die Mutter sah aus wie eine Gräfin (S. 78f.) und es wird überlegt, was man dem Kind mitbringt: Milch, Mehl, Butter, Schmalz und Salz (S. 73). Natürlich macht man auch seine Hirtenmusik an der Krippe, mit den Liegestimmen des Dudelsacks und der darüber kreisenden Melodie der Schalmei; so etwa bei dem Lied: *Kommet ihr Hirten* (S. 86), in der tschechischen Fassung *Hört unsere Botschaft* (S. 176). Es bildeten sich dabei musikalische Wendungen des Hirtenmäßigen — des Pastoralen — heraus, die später auch in die hohe Kunst eingingen. Davon zeugt die Pastorale aus dem Messias von Händel, die mit dem italienischen Lied *Zu Bethlehem geboren* (S. 134) zusammenhängt. Säkularisierte Formen der Pastorale zeigen sich dann später in Beethovens VI. Symphonie und in Richard Wagners »Siegfried-Idyll«, der Geburtstagsmusik für seinen Sohn Siegfried.

Als wichtiges weihnachtliches Ereignis tritt neben die Huldigung der Hirten die Anbetung der Könige. Auch dieses Fest am 6. Januar, zu Ende der wîhen nachten, wurde durch geistliche Schauspiele ausgestaltet und brachte eine Fülle von Liedern hervor, die den Bericht des Mattheus (2/1—12) ausführlich schildern, *Es führt drei König Gottes Hand* (S. 162), und noch ihre Herkunft aus alten Dreikönigsspielen und Sternsingerumzügen ahnen lassen: *Wir wollen heut singen Gott Lob und Dank* (S. 158), *Die heiligen Dreikönig mit ihrigem Stern*. Daß solche Lieder häufig aus dem Rheinland stammen, hängt damit zusammen, daß die Gebeine der Heiligen Drei Könige nach ihrer Überführung von Mailand nach Köln (1164, als Kriegsbeute) dort besondere Verehrung genossen.

Im übrigen lebt der Brauch des Sternsingerumzugs in den letzten Jahren wieder auf; dies bezeugt das in der Gegenwart entstandene Lied *Wir kommen daher aus dem Morgenland* (S. 157) das in der dritten Strophe auf die mit dem Umzug der Drei Könige verbundenen Haussegnung hinweist. Das englische Dreikönigslied *I saw three ships come sailing by* (S. 170) rückt die Ankunft der Drei unbefangenen in die Lebenserfahrung eines seefahrenden Volkes.

Neben diesen Liedern realistischen Weltergreifens tritt im 17. Jahrhundert die mehr auf einen feierlichen Ton gestimmte und der hohen Kunst verbundene Gattung der cantiones natalitiae, deren barocke Kraft in dem niederländischen Lied *Niemals war die Nacht so klar* (S. 94) durch Wort und Weise zum Ausdruck kommt.

Im 18. Jahrhundert lebt dieser Liedtyp weiter fort: *Macht hoch die Tür* (S. 10), manchmal freilich in der etwas veräußerlichten Klanggebärde fanfarenhaft-pathetischer Dreiklangsbrechung: *Heiligste Nacht* (S. 92), *O selige Nacht* (S. 100). Im starken Gegensatz dazu steht die subjektiv-empfindsame, stärker auf den Sologesang reflektierte Frömmigkeit des Pietismus, mehr das »ich« denn das »wir« im weihnachtlichen Erlebnis artikulierend. Als besonders eindrucksvolles Beispiel ist auf J. S. Bachs Weihnachtslied *Ich steh an deiner Krippe hier* (S. 140) mit den mystisch-verzückten Worten besonders der letzten Strophe des Gerhardt-Textes hinzuweisen. Die Melodie bewegt sich zu Anfang und Schluß gemessen, sich von ausgreifender Klanggebärde zurückhaltend und den demütigen Worten folgend, in halbverschattetem Moll; der Mittelteil findet zu einer freundlichen Wendung in die lichtere Durparallele.

Im übrigen war die aufklärerische Säkularisierung des Welt- und Selbstbewußtseins dem Weihnachtslied nicht hold. Es sind in dieser Epoche relativ wenig Weihnachtslieder entstanden und auf unsere Zeit überkommen. So sind auch in dieser Sammlung nicht sehr viele Lieder aus diesem Jahrhundert zu finden. Gerade zu dieser Zeit schritten weltliche und geistliche Obrigkeit gegen überkommene Formen des Volksbrauchs im allgemeinen, wie der Weihnachtsbräuche im besonderen ein, sie wurden als roh, abergläubig, ordnungsstörend verboten; so das Volksschauspiel, die Umzüge, das Quempas-Singen, die Dreikönigsbräuche und das Kindlwiegen. Natürlich kamen mit den Bräuchen auch die dazugehörigen Lieder aus dem Gebrauch. Es ist bezeichnend, daß das 1799 in erster Auflage erscheinende und weit bis ins 19. Jahrhundert hineinwirkende Mildheimische Liederbuch des Rudolf Zacharias Becker kein Weihnachtslied enthält, trotzdem doch die dort enthaltenen 800 Lieder »alle Dinge in der Welt und alle Umstände des menschlichen Lebens, die man besingen kann«, ansprechen wollen.

So sieht es aus, als ob mit den aufklärerischen Strebungen des späteren 18. Jahrhunderts die Fülle der überkommenen Weihnachtslieder verklänge, ja, als ob sogar das Weihnachtsfest selbst seine Breitenwirkung verlöre. Doch findet sich, daß im 19. Jahrhundert die Gattung Weihnachtslied eine neue Kräftigung erfährt was die Zahl der neu aufkommenden Lieder angeht; wenngleich Gehalt und Gestalt dieser Lieder, gemessen an dem christlichen Sinn dieses Festes, häufig problematisch erscheinen. An dieser Wiederbelebung der Gattung aber hatte die Aufklärung zumindest indirekt einen genau zu beschreibenden Anteil.

Das läßt sich beispielhaft an dem auch heute noch weitbekannten *O Tannenbaum* (S. 50) darstellen. Vom Tannenbaum gibt es ein seit dem 16. Jahrhundert bis in das 19. Jahrhundert bekanntes Lied, das mit Weihnachten gar nichts zu tun hat, nur mit den gleichen Anfangsworten beginnt:

O Tannenbaum, o Tannenbaum, du bist ein edler Zweig,
du grünest uns den Winter, die liebe Sommerzeit.

Mit eben jenen Eingangsworten dichtete A. Zarnack, das gleiche Motiv und den Texteingang aufgreifend:

O Tannenbaum, o Tannenbaum, wie grün sind deine Blätter
Du grünst nicht nur zur Sommerzeit, nein auch im Winter
wenn es schneit

Die folgenden Strophen Zarnacks zeigen jedoch, daß die Natureinleitung mit dem Sinnbild der Beständigkeit nur als ironischer Bezug auf die Untreue eines Mädchens gemeint war, denn die zweite Strophe beginnt:

O Mägdelein, o Mägdelein, wie falsch ist dein Gemüte

Zu seinem Text fügte der Dichter statt der altertümlichen Mollmelodie des ursprünglichen Tannenbaumliedes die Weise des Studentenliedes »Lauriger Horatius«, vielleicht nicht ohne Anspielung auf den immergrünen Lorbeer. Vier Jahre nach der Veröffentlichung dieses Gedichtes, 1824, dichtete der Lehrer Ernst Anschütz im Anschluß an die erste Strophe Zarnacks die heute bekannten Strophen des Liedes, übernahm dazu die Melodie Zarnacks und schuf damit ein Kinderlied, dessen moralisierende Einstellung in den Versen zum Ausdruck kommt

> Dein Kleid *will mich was lehren:*
> Die Hoffnung und Beständigkeit . . . . (S. 50).

Als sich im 19. Jahrhundert der Brauch durchsetzte, einen Weihnachtsbaum in die Stube zu stellen, wurde dieses Lied vom Tannenbaum zum Weihnachtslied und hat doch mit keinem Wort eine Beziehung zu Weihnachten als dem Fest der Christgeburt. Hier fassen wir einen bedeutsamen Zug mancher Weihnachtslieder des 19. Jahrhunderts, die Verselbständigung der sekundären Requisiten. Das bedeutet: war schon im Verlauf des Mittelalters zu beobachten, daß durch die idyllische Ausmalung der Gottesgeburt gewisse Umstände — Engel, Hirten, Krippe, Kindelwiegen, Anbetung der Könige — eine besondere Bedeutung bekamen, so ist doch immerhin festzustellen, daß es sich bei diesen Details um Requisiten handelte, die noch primär, will sagen unmittelbar und durch die Evangelien gerechtfertigt mit dem weihnachtlichen Geschehen in Verbindung stehen. Von den sekundären Requisiten ist jedoch zu sagen, daß sich in ihnen Details verselbständigen, die nur unwesentlich und durchaus entbehrlich mit der Christgeburt verknüpft sind: Zum Teil nicht mehr verstandene Traditionen der Jul-Nächte, die klimatischen Voraussetzungen des nördlicheren Europa, die Verwandlung des hl. Nikolaus in einen säkularisierten »Weihnachtsmann« und damit zusammenhängend das Schenken, der Weihnachtsbaum, der rieselnde Schnee, die Glocken. Hier wirkt die Säkularisierung der Aufklärung durch die Reduktion der Liedtexte auf die sekundären Umstände. Aber noch auf andere Weise zeigt sich aufklärerische Haltung: in der nun häufig auftretenden moralischen Belehrung. Sie ist im älteren Weihnachtslied, das die Menschen durch die Kraft des Geschehens selbst anrühren will und vor allem Freude über des Erlösers Geburt direkt und naiv dokumentiert, nur selten und andeutungsweise vorhanden. Vergessen wir nicht, daß die Weihnachtslieder des 19. Jahrhunderts von Geistlichen, Lehrern und Kantoren stammen, die sich durchaus im aufklärerischen Sinne als Volkserzieher begriffen. Damit unterliegt auch das Weihnachtslied den für diese Epoche so wichtigen Strebungen der Pädagogisierung des Liedes, das nicht auf freier Bahn der unkontrollierten mündlichen Überlieferung sich verbreiten, sondern absichtsvoll gelenkt und verordnet werden soll, als ein wichtiges Mittel der Volkserziehung. Das war das Ziel von Komponisten wie Friedrich Silcher, von Dichtern wie Hoffmann von Fallersleben und dem Superintendenten W. Heye.

Die in bezug auf das Weihnachtsfest — »Friede auf Erden« — geradezu widersinnige Verselbständigung sekundärer Requisiten stellt sich besonders drastisch in dem Text Hoffmann von Fallerslebens *Morgen kommt der Weihnachtsmann* (S. 48) dar; werden hier doch als Weihnachtsgeschenke — auch dieser Brauch verbreitet sich als ein weiteres sekundäres Requisit während dieses Jahrhunderts — »Trommel, Säbel und Gewehr, ja ein ganzes Kriegesheer« gewünscht. Auch das Lied *Morgen, Kinder wird's was geben* (S. 46) reduziert das Weihnachtsfest auf ein Geschenkfest, mit der Mahnung verknüpft, die Eltern zu ehren: »Oh gewiß, wer sie nicht ehrt, ist der ganzen Lust nicht wert«. So ist der Ort des weihnachtlichen Geschehens mit Lichterbaum und Geschenken nun die bürgerliche Stube. Das Weihnachtsfest wird — davon geben die Lieder dieser Zeit deutlich Zeugnis — ein behaglich-besinnliches Familienfest. *Alle Jahre wieder* (S. 34) kehrt das Christkind in das Haus ein. Man soll ihm, wenn es aus der unwirtlichen, winterlichen Natur kommt und *Kling Glöckchen, klingelingeling* (S. 40) Einlaß begehrt, die Türen und die Herzen öffnen. Wenn *Süßer die Glocken nie klingen* (S. 38), segnet es den Vater, die Mutter, das Kind. Aus dieser Familienatmosphäre gewinnt das Weihnachtslied des 19. Jahrhunderts etwas Genrehaftes, von der Christgeburt und ihrer Bedeutung ist gar nicht oder nur peripher und allgemein die Rede. »Welt war verloren, Christ ist geboren« heißt es in dem Weihnachtsgedicht von J. Daniel Falk, das 1819 einer von J. G. Herder importierten sizilianischen Volksweise unterlegt wurde: *O du fröhliche, o du selige* (S. 35). Einer merkwürdigen Ausnahme ist jedoch zu gedenken. In einem Lied völlig ungeklärter Herkunft, es kam dem Niederrheinischen Volksliedarchiv nach dem zweiten Weltkrieg ohne Quellenangabe als »Volksgut aus dem niederrheinischen Grenzgebiet« zu, wird zwar in genrehafter Manier das »liebe Jesulein« angeredet, doch wird auch das Neugeborene als der Herr der Welt in der ursprünglichen Form des Christgeburtsliedes aufgefaßt; als Walter der Welt muß der Neugeborene sich um sie sorgen *O du mein liebes Jesulein* (S. 142):

Die Sterne sollen blinken — die Erde, die soll trinken
die Sonne, die soll glühen — die Bäume wollen blühen
die Menschen wollen lachen — die Freude soll erwachen,
und all den Tränenjammer — vertreibst du aus der Kammer.

In der rührend schlichten Form eines Kinderliedes hat sich hier
die Ehrfurcht vor der Majestät des neugeborenen Gottes bewahrt.
In prachtvollem Anstieg durch den Kosmos der Töne, der Oktav,
wird hier die gesamte Schöpfung unter die Herrschaft des Schöp-
fers gestellt, im Sinne der uralten Verkündigung aus dem Introitus der dritten Weihnachtsmesse: Auf seinen Schultern ruht die
Herrschaft. Der Schluß der Melodie aber kehrt zurück zur demütigen Kinderweise des Anfangs.

Die Melodien zu den Weihnachtsliedern des 19. Jahrhunderts
spiegeln die weithin säkularisierten Texte im Musikalischen wider.
Weltliche Weisen wurden ihnen angepaßt, so das Studentenlied
des 18. Jahrhunderts bei O Tannenbaum (S. 50); sogar ein recht
frivoles, schon Mozart bekanntes und von ihm zu Klaviervaria-
tionen genutztes französisches Gesellschaftslied »Ah vous dirai-je,
Maman« findet sich als Melodie zu Morgen kommt der Weihnachtsmann (S. 48), und eine thüringsche weltliche Volksweise
wurde für das Lied Süßer die Glocken nie klingen (S. 38) über-
nommen. Auch Silchers Vertonung zu Alle Jahre wieder (S. 34)
ist nach einer um 1840 bekannten volkstümlichen Melodie zu dem
moralisierenden Kinderlied »Aus des Himmels Ferne« geschaffen. Andere Lieder, wie Ihr Kinderlein kommet (S. 96), Laßt uns
froh und munter sein (S. 36) und Kling Glöckchen (S. 40) prägen
den Stil des leichtfaßlichen, ja banalen Kinderliedes aus, wie es
die der Aufklärung verbundenen Pädagogen zu Hauf schufen.
Eine andere Gruppe schließlich ist dem sentimentalen, volkstümlichen Lied verhaftet, wie es in dieser Zeit im weltlichen Bereich entstand: Am Weihnachtsbaum die Lichter brennen (S. 52)
und Leise rieselt der Schnee (S. 48) und die Jingle bells einer
winterlichen Schlittenfahrt (S. 178). Keine Rede kann hier von
der Tradition alter geistlicher Lieder sein; das weltliche Lied ist,
auf verschiedene Art zwar, aber ausschließlich, normgebend geworden.

Schließlich ist auch das weitverbreitetste Weihnachtslied aller
Zeiten Stille Nacht, heilige Nacht (S. 90) im Text dem Genre-

haften, in der Musik dem Sentimentalen nicht entgangen. Die erste Strophe entwirft ein trauliches Bild vom »hochheiligen Paar« und dem »holden Knaben im lockigen Haar«, dem Gottessohn, ihm »lacht Lieb aus seinem göttlichen Mund«. Solch gefühlvollen Überschwang bringt auch die Melodie mit ihrem wiegenden Beginn und dem hoch ausgreifenden, dreiklangbrechenden Schluß zum Ausdruck. Das 1818 von dem Geistlichen Josef Mohr gedichtete, von dem Lehrer-Organisten Franz Xaver Gruber vertonte und an Weihnachten in der Pfarrkirche zu Arnsdorf an der Salzach uraufgeführte Lied verdankt, wie berichtet wird, seine Entstehung eigentlich einem Unglücksfall: die Orgel der Kirche war nicht spielbar; und so schuf Gruber die Komposition für Gitarre und zwei Singstimmen, ausgeführt vom Dichter (Tenor) und Komponisten (Bass). Der zur Reparatur herangezogene Orgelbauer Mauracher nahm das Lied in sein heimisches Zillertal mit, und von dort verbreitete es sich durch die damals in Mode kommenden Tiroler Volkssänger in Europa, ja bis nach Amerika. Der erste Druck erfolgte 1833 in Dresden während eines Konzertes der Geschwister Strasser aus dem Zillertal. Zur Popularisierung in Deutschland trug bei, daß es zum Lieblingslied Friedrich Wilhelm IV. von Preußen (1840–1851) wurde; er ließ sich das Lied vom Königlichen Domchor zu Weihnachten vorsingen. Für die weltweite Verbreitung des Liedes sorgten deutsche Missionare beider Konfessionen. Schon im 19. Jahrhundert hat das Lied heftige Kritik erfahren. Sie kam vor allem von jenen, die, musikhistorisch und theologisch gebildet, im Weihnachtslied der früheren Jahrhunderte eine zutreffendere Verkündigung des weihnachtlichen Geheimnisses sahen; so der Führer des katholischen Cäcilien-Vereins Franz Haberl. Doch zeugt für die unmittelbare Wirkung des Liedes bis auf den heutigen Tag, daß der, überkommenen Gewohnheiten sicher nicht unkritisch gegenüberstehende katholische Theologe Hans Küng feststellt, er singe *Stille Nacht* ohne größere Hemmungen«.

Diesem Lied widerfuhr auch das, was als eigentliches Zeichen der Popularität angesehen werden muß: Persiflage und Parodie. Ein Beispiel scheint hier wichtig. Um die Jahrhundertwende spielte »Stille Nacht« im Streik der Crimmitschauer Textilarbeiter eine Rolle. Als Antwort auf ein von der Behörde ausgesproche-

nes Verbot von Weihnachtsfeiern der Streikenden sangen sie zur
Melodie des Weihnachtsliedes

> Heilige Nacht — heiß tobt die Schlacht
> und es blitzt und kracht.
> »Friede auf Erden« die Christenheit singt,
> während der Arm das Schwert mutig schwingt
> |: Kämpfend für Freiheit und Recht :|

Das veranlaßte das Sächsische Kirchen- und Schulblatt zu der
Klage, »bis zu welcher Verwirrung der menschliche Geist kommen kann und wie ein heiliges Fest der Christenheit benutzt
werden sollte, um Unfrieden zu stiften«. Der Streik ging um die
Durchsetzung des 10-Stunden-Tages. Dies wird hier nicht als Ku-
riosum berichtet, sondern als ein Zeichen. Ein Zeichen dafür, daß
diese allzu schöne, allzu liebliche Weihnachtswelt bürgerlichen Be-
hagens (»welch ein Jubel, welch ein Leben wird in unserm
Hause sein!«) zu Fragen herausforderte: Wo ist denn der »Friede
auf Erden«? Hilft der Weihnachtsbaum, der rieselnde Schnee, der
süße Glockenklang, das Weihnachtsgeschenk dazu, ihn ein bißchen
näher zu bringen? Was soll diese Weihnachtsidylle über einen
mehr oder minder frommen Selbstbetrug hinaus? Aus diesen
Fragen kommt dann die Antwort des Antiweihnachtsliedes, das
aus den Weihnachtsliedern unserer Großväter entsteht, wenn beispielsweise Erich Kästner als »Weihnachtslied, chemisch gerei-
nigt« die Floskeln von Weihnachtsliedern des 19. Jahrhunderts
ironisch glossiert:

> Morgen, Kinder,
> wird's nichts geben,
> nur wer hat,
> der kriegt geschenkt ...
> Morgen kommt der
> Weihnachtsmann
> allerdings nur nebenan ....
>
> Stille Nacht und Heilige Nacht
> weint, wenns geht, nicht,
> sondern lacht
> Gottes Güte reicht so weit,
> ach du liebe Weihnachtszeit.

Wenngleich das Antiweihnachtslied auf dem Hintergrund sozialer Gegebenheiten hier nicht ausführlich zu behandeln ist, so muß es doch — die bösartig-verzweifelte Frage des Georg Kreissler »Wozu bist du gekommen?« in seinem Chanson »Genau am 25. Dezember« eingeschlossen — hier erwähnt werden. Denn das Weihnachtslied der Gegenwart ist ohne diese ironische und verbitterte Distanz zum überkommenen Weihnachtslied nicht ganz verständlich.

Das Weihnachtslied der Gegenwart bietet sich dem Betrachter in drei Gruppen. Zur Freude der einen und Verzweiflung der anderen hat das Lied des 19. Jahrhunderts in ungebrochener aber auch unreflektierter Tradition kräftig überlebt. Nach abgesicherten Untersuchungen über die Situation des Singens in der Bundesrepublik Deutschland gehören die folgenden Weihnachtslieder in dieser Rangordnung zu den hierzulande beliebtesten Liedern überhaupt: Stille Nacht, O du fröhliche, Es ist ein Ros entsprungen, O Tannenbaum, Ihr Kinderlein kommet. Von diesen sechs Liedern sind fünf im 19. Jahrhundert bekannt geworden.

Das Lied *Es ist ein Ros entsprungen* (S. 132) steht für eine andere Gruppe heutiger Weihnachtslieder: der im 19., vor allem im 20. Jahrhundert wiederbelebten Lieder des Mittelalters und des 17. Jahrhunderts. Man kann feststellen, daß die meisten älteren Weihnachtslieder, die heute gesungen werden, nicht, wie die Lieder des 19. Jahrhunderts, in ungebrochener Tradition überliefert wurden, sondern ihre Existenz einer Wiederbelebung verdanken. 1599 wurde das Lied *Es ist ein Ros entsprungen* zum ersten Mal im Cölnischen Gesangbuch als katholisches Weihnachtslied gedruckt und ist bis Ende des 17. Jahrhunderts in katholischer Überlieferung nachzuweisen. Der weitbekannte vierstimmige Satz stammt vom Protestanten Michael Praetorius, der ihn 1609 in seiner Musae Sioniae als »Katholisches« Lied veröffentlichte. Trotz des großen Anklangs, den diese Liedersammlung fand, setzte sich dieses Lied in der evangelischen Kirche nicht durch. Erst im späteren 19. Jahrhundert wurde es im Zuge der historischen Erneuerung des evangelischen Kirchengesanges durch v. Winterfeld neuentdeckt und dem praktischen Gebrauch in beiden Kirchen wieder zugeführt.

Im 20. Jahrhundert hatte vor allem die singende Jugendbewegung mit ihrer Entdeckung des alten Volksliedes Anteil an der Wiedererweckung alter Advents- und Weihnachtslieder. Das gilt ebenso für das *Es kommt ein Schiff geladen* wie für *Nun sei uns willkommen, Maria durch ein' Dornwald ging, Den geboren hat ein Magd* und die Quempaslieder, ja eigentlich für die meisten älteren Lieder dieser Sammlung. Solche Wiederentdeckung hatte weniger mit rein historischem oder lediglich aesthetischem Interesse zu tun als mit dem in der Jugendbewegung vertretenem Streben, entgegen der bürgerlichen Idylle des 19. Jahrhunderts eine Besinnung auf das Wesentliche des Weihnachtsfestes, der *Christ*geburt, heraufzuführen, und da boten sich die alten Weihnachtslieder an — dem Wesen des Weihnachtsfestes näher als jene des 19. Jahrhunderts mit ihren sekundären Requisiten.

Nicht unerwähnt bleiben darf, daß auch das Naturerleben der Jugendbewegung von Bedeutung war. Die Freude an der winterlichen Natur erscheint in zwei Liedern dieser Sammlung. *So singen wir den Winter an* (S. 42) ist nach dem alten Brauch des Sommeransingens als Winter-Ansingelied neu geschaffen, und *Es ist für uns eine Zeit angekommen* (S. 44) verwendet die Melodie eines Schweizer Sternsingerumzugs zu einem Text empfindsamer Naturschilderung. Beide Lieder sind somit keine Weihnachtslieder im engeren Sinne und boten sich daher den nationalsozialistischen Bestrebungen zur Entchristlichung des Weihnachtsfestes an. Da sie aber keine Ideologie im wörtlichen Sinn zum Ausdruck brachten, konnte es geschehen, daß beide Lieder nach dem Abbau der mit ihnen verbundenen ideologischen Assoziationen auch heute noch gesungen werden.

Die Besinnung auf das Wesentliche des Weihnachtsfestes, durch die in unserem Jahrhundert wiederbelebten Lieder angestoßen, führte schließlich — gerade im Protest gegen die nationalsozialistische bewußte Entchristlichung des Weihnachtsfestes zu der dritten Gruppe heutiger Weihnachtslieder, den in unserer Zeit neu entstandenen. Worum es dabei geht — und nicht geht — drückt ein Weihnachtslied von Rudolf Alexander Schröder aus, das Christian Lahusen vertonte:

Wir harren Christ in dunkler Zeit (S. 146):
Es geht uns nicht um bunten Traum

von Kinderlust und Lichterbaum.
Wir bitten, blick uns an.

In einer wahrhaft »dunklen Zeit«, 1938—39, geschieht solcher
Neubeginn mit den Texten von Jochen Klepper, *Die Nacht ist
vorgedrungen* (S. 30). Hier wird der Ernst und die Würde der
alten Lieder wieder lebendig, Geburt verschränkt sich mit Pas-
sion *Du Kind zu dieser heiligen Zeit* (S. 98) und im Neugeborenen wird wieder der Schöpfer der Welt gesehen *Der du die
Welt erschaffen hast* (S. 145); der Mensch fühlt sich demütig
und schuldig vor dem Neugeborenen *Wir suchen dich nicht*
(S. 148). Das sind alte Töne und neue, wie sie auch nach dem
Zusammenbruch von 1945 sprachlich und musikalisch gestaltet
wurden. Neue Töne sind es, weil sie, aus den Nöten der Gegenwart entstanden, im gewissen Sinne auch die Herausforderung der Antiweihnachtslieder annahmen; alte Töne, weil sie auf
Sprache und Musik des alten Kirchenliedes zurückgreifen, auf
Worte und Formeln der reformatorischen Kirchenlieddichtung,
wenn vom »Morgenstern«, von »Angst und Pein« die Rede ist;
aber auch in dem viel grundsätzlicheren Sinne, wenn der neugeborene Christus nicht nur als der Herr der Welt verehrt, sondern sein Kommen auch als Herausforderung an die Christen
gesehen wird. Musikalisch geschieht bei diesen Liedern ebenfalls
eine Rückbesinnung auf die alten Traditionen des protestantischen Chorals und dahinter zurück durch kirchentonale Melodik
und freie rhythmische Gestaltung auf den gregorianischen Choral
und archaische Formen der Pentatonik. Gingen hier entschei-
dende Anregungen vom evangelischen Kirchengesang aus, so
führte der in katholischen Gegenden nach dem zweiten Weltkrieg
mancherorts wieder aufgenommene Brauch des Dreikönigssingens
in der Form des Sternsingerumzugs zu neuen Liedern, die das
Wir kommen daher aus dem Morgenland (S. 157) stellvertretend
für viele hier dokumentiert.
So hat die Christgeburt die Menschen seit jeher herausgefordert,
und sie haben reagiert, wie Menschen ihrer Natur nach reagieren:
hinnehmend und abweisend, gläubig und skeptisch, demütig und
hochfahrend, ans Detail sich verlierend und darüber das Wesen
vergessend oder absolut aufs Ganze gehend und die alltäglichen
Gegebenheiten mißachtend.

Diese Sammlung zeigt, was ist. Man darf sicher sein: das, was hier gezeigt werden konnte, ist nicht das Ende vom Lied. Es werden mit neuen Strebungen auf dem Feld des geistlichen Liedes auch neue Weihnachtslieder entstehen, vielleicht angeregt durch die naive Stärke des Spirituals wie *Go tell it on the mountain* (S. 180) und die Ausdrucksmittel populärer Musik einbeziehend. Was immer noch künftig sich entwickeln mag: in den Weihnachtsliedern wird die Antwort auf die Herausforderung der Christgeburt in ihrer ganzen Spannweite begriffen. In diesem Sinne können sie als Dokument, als Angebot zur Artikulation einer eigenen persönlichen Antwort, wie aber auch als Mittel der gemeinsamen Aussage einer singenden Gruppe genommen werden.

»Sehe jeder, wie ers treibe.«

Quellenhinweise

Die folgenden Lieder sind mit freundlicher Genehmigung der folgenden
Verlage aufgenommen worden:

Die Nacht ist vorgedrungen: Bärenreiter Verlag, Kassel
Es lagen im Felde die Hirten bei Nacht: Bärenreiter Verlag, Kassel
Mein Hirt, vernahmest du schon: Bärenreiter Verlag, Kassel
Du Kind, zu dieser heiligen Zeit: Bärenreiter Verlag, Kassel
Nun sei uns willkommen, Herre Christ: Bärenreiter Verlag, Kassel
Der du die Welt geschaffen hast: Bärenreiter Verlag, Kassel
Bruder, ich geh auch mit dir: Bärenreiter Verlag, Kassel
Wir harren Christ, in dunkler Zeit: Bärenreiter Verlag, Kassel
Engel auf den Feldern singen: Christophorus Verlag, Freiburg
Wir kommen daher aus dem Morgenland: Christophorus Verlag, Freiburg
Die Hirten auf dem Felde: Fidula Verlag, Boppard/Rhein und Salzburg
Auf, ihr Hirten: Fidula Verlag, Boppard/Rhein und Salzburg
Die Botschaft: Musikverlag B. Schott's Söhne, Mainz
Wir suchen dich nicht: Verlag Singende Gemeinde, Wuppertal
So singen wir den Winter an: P. J. Tonger Musikverlag, Köln
Es ist für uns eine Zeit angekommen: Voggenreiter Verlag, Bad Godesberg

Die Illustrationen stammen von Ludwig Richter, Franz Pocci, Grand-
ville und aus alten Bänden.

Alphabetisches Verzeichnis
der Liedüberschriften und Liedanfänge